Walter Roozendaal

Handboek
Podiumpresentatie

voor musici, koren
en anderen die voor
publiek optreden

Inhoudsopgave

Inleiding

Op het Conservatorium van Amsterdam ontwikkelde ik modules presentatievaardigheden voor musici. Tegelijkertijd kreeg ik de uitnodiging om zangkoren lessen podiumpresentatie te geven, onder de beeldende titel *'t Oog wil ook wat*. De opdracht daarvoor kwam van de Bond van Zangkoren in Noord-Holland, samen met Stichting De Kunst (het provinciale steunpunt voor de amateurkunst uit Alkmaar).

In de workshops en lessen aan koren en studenten kon ik steeds dieper doordringen in de materie. Die ervaring wil ik hier graag delen.

Het mooiste geluid van de wereld maken — dáár gaat het om voor musici. Dat is hun vak, hun hobby, hun passie.
Maar wanneer je het podium opstapt ontdek je, dat er in de *omgang met publiek* nog veel meer speelt. Hoe meer je daar van weet, hoe helderder je een optreden kunt vormgeven. Over presentatie kun je nadenken, besluiten nemen, en je kunt je er in oefenen of in laten begeleiden.

Podiumpresentatie betekent in dit boek eerst: hoe je op het podium staat. Dus je *algemene uitstraling* en je *communicatie* wanneer je opkomt, muziek maakt, een aankondiging doet en applaus ontvangt. Ik richt me daarbij op zowel (professionele) musici als koren.
Daarna beschrijf ik voor koren hoe je, nog steeds in de gewone kooropstelling, de *betekenis* van zang helder kunt laten overkomen. Dezelfde principes zijn voor musici interessant wanneer ze tijdens hun optreden *korte aankondigingen* doen.

Hoewel ik me richt op musici en koren is veel van wat ik schrijf vast voor meer mensen interessant. Zoals verhalenvertellers, mensen die een lezing of toespraak houden, of CKV-docenten die een voorspeelavond begeleiden.

Bij presentatie voor koren wordt vaak gedacht aan het maken van choreografieën en het toevoegen van uitbeeldingsmomenten. Dat is een apart onderwerp, waar dit boek niet over gaat.

Podiumpresentatie

Achtereenvolgens komen aan de orde:

- de praktijk: wat is er nodig?
- drie basisoefeningen voor een goede uitgangshouding en communicatie
- presenteren: jezelf op het podium zichtbaar maken
- presenteren: opkomen, omgaan met applaus en afgaan
- presenteren: inhoudsvol zingen of aankondigingen doen

Daarnaast ga ik ook dieper in op:

- het toneelbeeld
- problemen van intens luisterende musici
- werken met professioneel theaterlicht

Ervaring op schrift?

Een oefening die je zo even voordoet laat zich nooit volledig beschrijven. En een beschrijving kan een ervaring niet vervangen.

Dat geeft beperkingen.

Om die beperkingen zo veel mogelijk te voorkomen, beschrijf ik de drie basisoefeningen in hoofdstuk 2 en 3 heel uitgebreid. Dat zijn dus lange hoofdstukken geworden, die niet echt tot leven komen wanneer je het alleen bij globaal doorlezen laat. Neem daar als lezer-in-een-leunstoel een beslissing over — stap uit die leunstoel, of laat je in elk geval door die lange beschrijving niet tegenhouden om verder door te lezen.

Met dank

Zonder de invloed en bijdrage van veel mensen had ik dit boek niet kunnen ontwikkelen of schrijven. Allereerst waren daar alle koren en de inmiddels vele generaties studenten aan de conservatoria van Amsterdam en Hilversum.

Voor hun feedback wil ik in de eerste plaats Koos Rijkes heel hartelijk danken, naast Nora Hartsuijker en Frits Heimans (Conservatorium van Amsterdam). En natuurlijk dank ik het bestuur van de Bond van Zangkoren in Noord-Holland, samen met Dolly de Kroon en Janine Slijkhuis van Stichting De Kunst in Alkmaar voor hun niet aflatende steun en vertrouwen door de jaren heen.

Graag roem ik Rob en Astrid Elandt (Camping Elan, Blôt l'Eglise in de Auvergne) en Mme. Sophie Pianzola (Camping de Fontclaire, Puivert in de Franse Pyreneeën): hun uitgelezen gastvrijheid maakte het mogelijk dit boek in een zomer te schrijven.

Ik realiseer me telkens opnieuw ook, hoeveel ik te danken heb aan Teunke en Arend Hauer, die met hun aandacht, geduld en vertrouwen mij meer dan acht jaar tijd gaven om me te scholen in Elementair Toneel — hun vak. Als regisseur pluk ik daar nog dagelijks de vruchten van. Veel van wat ik nu zo'n twintig, dertig jaar later schrijf is daar nog steeds op gebaseerd.

Tenslotte: ik ben zo vrij om in dit boek ook u met jij en jou aan te spreken. Het voelt zo veel makkelijker om in de taal te schrijven, waarin ik mijn lessen ook graag geef. En waar ik *hij* schrijf bedoel ik natuurlijk ook *zij*, en omgekeerd.

Dit is een eerste druk. (Uw) je reacties zijn welkom! Via mijn website www.muzemuzette.com ben ik bereikbaar.

Walter Roozendaal
Muze Muzette
zomer 2007

Bij de tweede druk

Ik ben bijzonder blij met de belangstelling voor de eerste druk. Positieve recensies zorgden voor uitnodigingen bij veel koren, masterclasses voor dirigenten, regiesessies met zangers, combo's en vertellers, terwijl honderd exemplaren ook hun weg vonden naar de openbare bibliotheken.

In deze druk heb ik een paar kleine correcties aangebracht in de oefeningen. Dirigenten drongen daar op aan. Op hun advies laat ik bijvoorbeeld in de tweede basisoefening mensen een zachte V-klank maken bij de uitademing, in plaats van de F-klank die ik zelf ooit had geleerd. En heb ik nog meer nadruk gelegd op de verdeling van het gewicht over de hele voet bij het zingen (niet op de hielen blijven leunen).

Nieuw zijn in *Hoofdstuk 10. Inhoudsvol zingen* de oefening "Kom maar eekhoorntje, kom..." en in *Hoofdstuk 13. Losse eindjes* een uitbreiding bij "Handen regisseren" en de oefening het "Ruggesteuntje". Deze oefeningen gebruikte ik de laatste tijd steeds meer, ze verdienen hier een plaats.

Enkele duizenden koorleden en hun dirigenten, honderden lezers, studenten, musici en vertellers wil ik graag opnieuw bedanken voor hun enthousiasme, kritiek en vertrouwen!

Deze tweede druk is van een ISBN-nummer voorzien. Dat vergroot de bereikbaarheid van het boek via boek- en muziekhandel aanmerkelijk.
Met deze druk kan ook de volgende stap gezet worden: naar een Engelse vertaling.
Tenslotte heb ik een speciale bewerking gemaakt voor ambtenaren en mensen uit het bedrijfsleven, als reader bij de trainingen en workshops die ik daar mocht geven.

Walter Roozendaal
Muze Muzette
zomer 2012

1. Het podium op

*In dit hoofdstuk doen we een eerste verkenning: wat
zie je in de praktijk, en wat zijn dan basisvoorwaar-
den voor een goede podiumpresentatie?*

Herken je dit koor?

"Daar gaan we!" roept de dirigent.

Met vlinders in hun buik beklimmen de koorleden
het podium. Nu moet het gaan gebeuren! Een half
jaar lang hebben ze geoefend — vandaag zit het publiek in de zaal. Familieleden, maar ook vreemden.
Tachtig paar ogen (dat zijn er honderdzestig!) zijn op
het podium gericht. Waar je ook kijkt: ogen, ogen en
nog eens ogen. Wat doe je dan: de andere kant op
kijken of toch terugkijken? Of even wuiven naar
oma? Je ziet bij een aantal mensen de verlegenheid
en spanning. Een paar lopen te geinen met elkaar, in
een poging die spanning te breken.

Gelukkig is daar de dirigent. Dan weet je tenminste
waar je je op richten moet. De pianist zet een voor-
spel in, de dirigent geeft de inzetten aan en het concert is begonnen.

Het publiek ziet veel verschillen tussen de zangers.
Sommigen staan verheerlijkt in zichzelf te zingen.
Een paar kijken het publiek in, met een lach op hun
gezicht. Anderen staren met een frons ingespannen
naar de dirigent. Sommigen staan stokstijf keurig
rechtop. Anderen staan op een merkwaardige manier
wat scheef. Eén vrouw staat uitgebreid te swingen,
die kan niet stil staan. Het koorlid schuin achter
haar ergert zich daar duidelijk aan. Bij een moeilijke
passage verstijft het hele koor een beetje.

Na het eerste nummer applaudisseert het publiek.
De koorleden schenken daar geen aandacht aan,
maar beginnen meteen met elkaar te praten en in
hun bladmuziek te bladeren. De dirigent draait zich
verlegen even min of meer om en geeft een soort

knikje, maar gaat snel weer klaar staan voor het volgende nummer.

Of deze musicus?

Het is een koffieconcert. Het publiek zit klaar. De lichten in de zaal gaan uit, en de musicus komt op. Het publiek begint te klappen.

De musicus kijkt even wat schichtig het publiek in, staart dan weer gauw recht voor zich uit naar de coulissen aan de overkant, loopt naar zijn stoel en draait zich daar een kwart slag om naar het publiek.
Even maakt hij een kort knipbuiginkje.
Hij doet een stapje naar achteren, eigenlijk gaat hij al half zitten, maar het applaus wordt na zijn buiginkje juist iets sterker. Daarom maakt hij toch nog maar een buiginkje. Daarna gaat hij gauw zitten.

Het is een prachtig concert. Je kunt zien dat de musicus helemaal in de muziek opgaat, met half- of volledig gesloten ogen.
Aan het eind van het concert barst er een spontaan applaus los. De musicus zit nog helemaal in de muziek en staat wat verwezen op. Hij maakt een paar aarzelende stapjes richting het publiek. Zonder de zaal te zien maakt hij weer een snel knipbuiginkje. Maar ook nu is het applaus nog lang niet afgelopen. Hij maakt dus nog maar zo'n buiginkje. En omdat het applaus nog steeds doorgaat maakt hij er daarna nog eentje een beetje naar links, en dan nog eentje een beetje naar rechts. Dan draait hij zich bruusk om en verlaat het podium, nog steeds in zichzelf gekeerd met enigszins gebogen hoofd.

Overdreven?   Ja, en ook nee.
Ja: ik moet om sommige dingen duidelijk te maken soms wat overdrijven. Zeker op schrift. Hoewel ik het ook wel heel leuk vind om dit soort zaken voor een koor of groep studenten lekker uitgebreid voor te doen!
Want ook nee: iedere concertbezoeker herkent waarschijnlijk alle elementen van mijn beschrijving. Hopelijk niet allemaal tegelijk tijdens één concert, maar toch...

Eigenlijk gaat het bij deze voorbeelden om twee val-
kuilen:

- een te grote spanning vanwege podiumangst en
  het ontzettend je best doen,
- een verkeerde houding vanwege het onbewuste
  gebruik van je zintuigen (kijken, luisteren, voelen).

Podiumangst en teveel je best doen

Wie last heeft van podiumangst weet zich in het gezelschap van zelfs heel bekende topkunstenaars.

Ik gebruik hier het woord *podiumangst* voor elke
vorm van spanning of je zenuwachtig voelen. Op
zichzelf is dat een begrijpelijke en normale reactie
wanneer je voor publiek optreedt. Bijna niemand,
ècht bijna niemand is werkelijk vrij van dat soort
spanning.

Ervaren kunstenaars hoor je vaak zeggen, dat ze wel
last hebben van hun zenuwen voor ze moeten optreden, maar dat ze dat niet meer zo erg vinden. Uit ervaring weten ze, dat wanneer ze eenmaal op het podium aan het werk zijn, hun aandacht op hun optreden die zenuwen gewoon verdringt. En dan hebben
ze er niet of nauwelijks meer last van.

Ik wil gelijk daarmee een veel gehoord sprookje ont-
zenuwen. Namelijk dat het juist goed zou zijn wanneer je flink gespannen bent, omdat je daardoor beter presteert.

Het is vast goed bedoeld, als iemand dat tegen je zegt
wanneer je vlak voor een optreden giert van de zenuwen. Maar het is niet waar. Wanneer je erg gespannen bent functioneren je spieren niet op hetzelfde spanningsniveau als waarop je geoefend hebt. En
wordt je prestatie op het podium onmiddellijk onze-
ker. Je stem en vingers werken bijvoorbeeld anders
dan je gewend bent. Je hebt ze letterlijk niet meer in
handen op de manier waarop je ze in handen wil
hebben. Spanning is dan alleen maar een sta-in-de-
weg. En zeker geen hulp!

Er zit wel iets van waarheid in de gedachte, dat
spanning positief kan zijn. Maar dan in die zin, dat
wanneer je niet voor 100% beschikbaar bent voor je
optreden, je ook niet 100% geeft van wat er nodig is.

Te slap betekent, dat je niet 100% beschikbaar bent. Maar te véél spanning betekent ook dat je niet optimaal beschikbaar bent!

Volledig beschikbaar Ik vervang de gedachte dat spanning nodig is dus liever door iets anders.

Mijn uitgangspunt is, dat ik *volledig beschikbaar* wil zijn voor mijn optreden. Dus bijvoorbeeld niet afgeleid door allerlei onproductieve gedachten. De juiste aandacht kan daar een rol in spelen. Dat gebeurt volgens mij ook bij ervaren artiesten: dat ze tijdens het optreden in de juiste concentratie komen — dus al hun aandacht richten op hun optreden zelf — waardoor een te grote spanning verdwijnt.

Wanneer ik zeg dat het goed is om ontspannen op het podium te staan bedoel ik dus eigenlijk, dat er niet te veel en niet te weinig spanning aanwezig mag zijn. Dus dat je op een soort ideale spanning-ontspanningsverhouding staat, waardoor je volledig beschikbaar kunt functioneren.

Ruim en open Volledig beschikbaar betekent ook, dat ik mij emotioneel volledig aan het optreden wil kunnen geven. En dat laatste vraagt niet om meer spanning, maar om meer *openheid*. Je hebt geestelijk en lichamelijk *ruimte* nodig voor het toelaten, oproepen en laten stromen van emoties. Kracht, die vervolgens vanuit innerlijke ruimte stroomt is vele malen meer overtuigend dan kracht, die je vanuit een opgepepte spanning uit jezelf tevoorschijn moet persen.

Ik vermijd daarom meestal het woord concentratie. *De juiste concentratie* is een formulering die je lijkt uit te lokken tot het vernauwen van je aandacht en het verhogen van je spanning. Dat is tegenovergesteld aan ruim, open en volledig beschikbaar zijn.
De juiste concentratie betekent: een open, ruime aandacht hebben voor datgene wat aandacht nodig heeft. Je optreden dus. En vanuit die aandacht kan kracht, energie, vrij stromen.

Welkom! Een open houding is ook *verwelkomend*.

Vooral zangers zie je helaas nogal eens voorover leunen, alsof ze al hun kracht het publiek in willen sturen.

Dat lijkt ook je opgave te zijn: je expressie met kracht het publiek insturen. Tegelijkertijd is dat, wanneer je het heel scherp bekijkt, eigenlijk een manier van geweld uitoefenen op je publiek. Alsof je ze het wil inpeperen, de zang in hun gezicht zou willen spuwen! Op zo'n moment ben je niet in jezelf gevestigd, maar reik je als het ware te ver buiten jezelf. Dat lijkt me toch niet echt de bedoeling.

Ruim en volledig beschikbaar zijn associeer ik ook met een open, in jezelf gevestigde en verwelkomende houding.

Openheid speelt ook een sleutelrol bij inhoudsvol zingen en aankondigingen doen. Ik zal daar meer over zeggen in de hoofdstukken 9, 10 en 11.

De *drie basisoefeningen* uit de volgende twee hoofdstukken gaan over:

* aarden, een vakterm die ik vertaal als *in jezelf gevestigd zijn*,
* ruim en beschikbaar aanwezig zijn en
* de wijde open blik.

Samen leveren ze een bijdrage aan het bestrijden van podiumangst en een te grote spanning.

Communicatie met het publiek

In de beschrijving van een koor en een musicus gaf ik een aantal signalen van podiumangst en teveel je best doen. Zoals:

* het publiek negeren, net doen of het er niet is,
* je met een frons concentreren op de dirigent,
* je in jezelf terugtrekken.

Laat ik meteen een misverstand wegnemen: *ik bedoel niet dat ik het nodig vind dat je het publiek altijd moet aankijken.* Zeker wanneer je al je aandacht nodig hebt voor muziek maken moet je die daar ook aan kunnen geven. Een muzikant die helemaal in zijn instrument opgaat, één en al oor is, communiceert zijn manier van muziek maken op een andere manier met het publiek dan iemand die het publiek aankijkt. En de ene manier is absoluut niet beter dan de andere.

Maar wanneer je klaar bent met de muziek en applaus in ontvangst neemt is het natuurlijk wel belangrijk dat je contact maakt met het publiek.

Publiek innerlijk in beweging

Communicatie met het publiek betekent vervolgens veel meer dan alleen maar contact maken.

Publieksonderzoek heeft uitgewezen, dat publiek voortdurend innerlijk meebeweegt met de artiesten op het podium. Dat is misschien een rare gedachte? Toneelspelers weten dat al honderden jaren!

Denk je maar in: waarom springt bij een doelpunt half Nederland van de bank op, mee met de spelers? Of schopt manlief mee met die voetballer op de tv?

Apen zagen mensen of andere apen pinda's oppakken en op-eten. Hersenonderzoekers merkten, dat daarbij hersendelen werden geactiveerd die nodig zouden zijn wanneer die apen dat zelf ook zouden doen. Met andere woorden: op hersenni-veau deden ze mee. *Spiegelneuronen* noemden wetenschap-pers die hersendelen in de premotorische cortex, waarmee je bewegingen registreert en plant.
Spiegelneuronen zijn onmisbaar voor leerprocessen. Zonder innerlijk meebewegen had je nooit leren praten of lopen. Of je als mens leren gedragen onder de mensen.

Vervolgonderzoek leverde de ontdekking op, dat dansers op dezelfde manier innerlijk meedoen aan een dansvoorstelling.
En nog later: dat publiek (ook wanneer het geen dansers zijn) op die manier innerlijk mee kan doen.

Innerlijk meebewegen is een fundamenteel noodza-kelijke menselijke eigenschap! Toneelspelers weten dat: wanneer ze hun innerlijke proces in uiterlijke beweging zichtbaar maken, doet het publiek innerlijk mee. En voelt daardoor ook letterlijk met ze mee. Bijvoorbeeld: wanneer een toneelspeler *eerst ver-baasd* kijkt en *vervolgens boos* is dat veel makkelij-ker mee te voelen dan wanneer hij alleen maar plot-seling een boos gezicht trekt. Want door dat verbaas-de moment duidelijk mee te spelen kan het publiek, innerlijk meebewegend, invoelend meeleven met het hele proces (zie verder ook *hoofdstuk 9. Een uitstapje: acteren?*).

Een open, ontspannen en in jezelf gevestigde houding

Dat geeft jou als artiest eigenlijk een heel grote ver-antwoordelijkheid. Wanneer je te gespannen opkomt, zal de hele zaal automatisch die spanning meevoelen! En daarmee breng je iets bij je publiek teweeg wat niet je bedoeling is...

Een *open, ontspannen en in jezelf gevestigde houding* zou een prachtig uitgangspunt leveren voor de start van je optreden.

De basisoefeningen uit de volgend hoofdstukken zijn daar op gericht.

Heb je de ene avond meegaand publiek en de andere een lastige zaal? Onderschat niet jouw aandeel en verantwoordelijkheid: als artiest "maak" je zelf je ei-gen publiek — ben je daar ook toe in staat — met jouw aandacht en jouw spanning en ontspanning als sleutel!

Kijkers, luisteraars en voelers

In NLP (Neuro-Linguïstisch Programmeren) verdeelt men de zintuigen in drie groepen: visueel, auditief en psycho-kinetisch — zeg gezicht, gehoor en de rest, vooral lichaamsgevoel.

Eén zintuig zal je best ontwikkelde zijn, een ander een goede tweede, terwijl de derde vaak minder ont-wikkeld is. Een grove schatting is, dat ca 70% van de mensen het zien als eerste zintuig heeft, ruim 20% het horen, en de rest het lichaamsgevoel.

Toneelbeeld Het belang van een zorgvuldig toneelbeeld — al die kijkers die naar jou komen luisteren... — hoeft daarmee nauwelijks meer verdedigd te worden (zie *hoofdstuk 4. Een boeiend toneelbeeld*)!

Ik ben zelf het voorbeeld van een luisteraar en voeler. Petra, mijn echtgenote, is een sterke kijker. Wij leven in twee ver-schillende werelden! Wanneer we door de duinen lopen zegt zij: "Zie je al die verschillende kleuren groen?" en dan denk ik " 't Is dat je het zegt, ik had dat nog niet echt gezien". Maar ik hoor aan het geritsel onder de bladeren of daar een vogel of een muisje scharrelt.
De situatie wordt hachelijk, wanneer Petra mij iets belangrijks vertelt. Ik ga dan extra goed luisteren. Maar dan wordt zij

boos. "Je luistert niet" roept ze geërgerd. Terwijl ik juist zo aan het luisteren was! "Ja, maar je kijkt me niet aan" zegt ze dan.

Inderdaad. Dat verklaart een heleboel. Juist omdat ik zo opging in het luisteren stopte ik met kijken!
Ik heb moeten leren haar aan te kijken wanneer ik echt naar haar luister. En altijd kost mij dat moeite.

Bij musici

Aan het begin van dit hoofdstuk liet ik een musicus volkomen in zijn muziek opgaan. Daarna stond hij verwezen te buigen.
Dat is waarschijnlijk een heel sterke luisteraar. Als volledig *luisterende* musicus moet je tijdens het applaus heel bewust overschakelen naar *zien,* anders kijk je je publiek niet aan en communiceer je ogenschijnlijk niet meer.

In *hoofdstuk 7. De echte luisteraar* kom ik hier met een oefening op terug.

En nogmaals: ik houd hier geen pleidooi voor je publiek altijd moeten aankijken. Musici, die helemaal luisterend opgaan in hun vak, kunnen minstens zo boeiend zijn als mensen die via hun blik communiceren. Alleen: wanneer je niet met muziek maar bijvoorbeeld tijdens het applaus met publiek communiceert maak je je via je blik kenbaar. Dan is *zien* een noodzaak! Over *hoe* je dan naar het publiek kijkt schrijf ik ook in *hoofdstuk 13. Losse eindjes.*

Bij koren

Bij mijn beschrijving van een koor beschreef ik mensen die sterk gefronst op de dirigent gericht zijn. Die doen net iets te gespannen hun best òf zijn sterk gefocust op het zien.

Ik noemde ook mensen die op een wat merkwaardige manier scheef staan. Vaak zijn dat sterke luisteraars. Hun ogen dwalen weg (ook van het publiek en de dirigent), omdat ze zo hun best doen om goed te luisteren. Ondertussen lijken ze hun oor achterna te gaan, en komen ze steeds schever te staan.
Tenslotte noemde ik dat ene koorlid dat niet stil kan blijven staan. Zou dat er één kunnen zijn die als sterkste zintuig het lichaamsgevoel heeft? Sommige mensen zie je ook de neiging hebben om elke eerste tel van een maat met een lichaamsbeweging te accentueren.

Al deze verschijnselen zijn vormen van *je best doen* vanuit je voorkeurszintuig. Op het podium hebben we daar last van — maar ze ontstaan juist omdat mensen zo eerlijk hun best staan te doen!

Hoe voorkom je dat op een respectvolle wijze?

De oefening met *de wijde open blik* uit het volgende hoofdstuk is daar een antwoord op.

En verder?

Ik neem nu eerst twee hoofdstukken om uitgebreid drie basisoefeningen te beschrijven. Ik doe ze al meer dan vijfentwintig jaar met bijna al mijn groepen. Ze zijn letterlijk de basis voor alles wat ik daarna beschrijf.

In het kort

Aan het eind van dit boek vat ik mijn uitgangspunten samen in een paar korte kernuitspraken. Aan het eind van sommige hoofdstukken schrijf ik ze vast op, onder het kopje "In het kort":

- *Het is de moeite waard om je bewust te zijn van jouw voortdurende communicatie met het publiek, met name wanneer je even geen muziek maakt.*
- *Want het publiek beweegt innerlijk met jou mee en neemt* alles *waar.*
- *Fysiek en mentaal volkomen beschikbaar zijn voor jouw optreden veronderstelt een open, ontspannen en in jezelf gevestigde houding.*

2. De wijde open blik

Ik ben dus op zoek naar een

- open, het publiek tegemoetkomende en uitnodigende *houding*,
- waarbij ik ook oog en oor heb voor mijn medemuzikanten en
- waarbij ik in mezelf gevestigd ben, thuis ben bij mijzelf en
- ruim en volledig beschikbaar ben voor mijn optreden en het publiek.

Dat kunnen we stap voor stap opbouwen, eerst met behulp van de basisoefeningen in dit en het volgende hoofdstuk. Later, wanneer je thuis bent in de houding die de oefeningen uitlokt, zijn er ook kortere routes om hetzelfde sneller, of zelfs bliksemsnel te bereiken.

Die korte routes zijn belangrijk: je houdt een goede houding niet een hele avond (of zelfs één nummer) vanzelf vol. Wanneer je merkt dat je niet goed meer staat, of weer in een oude gewoonte vervalt, is zo'n korte route een snelle manier om een nieuwe goede start te maken, zonder dat het publiek er iets van hoeft te merken.

Voor alle oefeningen geldt natuurlijk, dat je ze beter onder leiding van een goede docent kunt ervaren dan uit een boek leren. Ik doe mijn best ze zo duidelijk en veilig mogelijk te beschrijven. Daar heb ik ook heel wat woorden voor nodig, maar het is de moeite waard om ze zorgvuldig te doen. En denk erom: forceer nooit iets! Draag zelf de verantwoordelijkheid voor je grenzen.

Het helpt wanneer je deze oefeningen met iemand samen doet. De één kan de oefening als begeleider inpraten, terwijl de ander de oefening uitvoert.

In dit hoofdstuk behandel ik de eerste basisoefening voor een goede beginhouding: de wijde open blik. Maar voor we daar aan beginnen geef ik je eerst een andere oefening: focussen.

Focussen

- Ga ontspannen op een stoel zitten.
- Zoek recht voor je, aan de overkant van de ruimte, een punt op de muur waar je je blik op kunt richten.
  Neem een klein, helder zichtbaar punt — er naar kijken mag op zichzelf geen moeite kosten.
- Houd je blik nu een poosje, zonder enige onderbreking, op dit punt gericht. *Bekijk het zo scherp mogelijk.*
- Houd dit langer vol dan nodig is om het punt scherp te zien, zodat je na enige tijd gaat merken wat er gebeurt wanneer je één punt zo lang en zo intens observeert en naar niets anders meer kijkt.

Resultaat

Waarschijnlijk merk je na een poosje, dat het lijkt alsof je door een soort tunneltje naar dat punt kijkt: je ziet maar een klein gebiedje echt scherp.

Wat er omheen zit lijkt misschien zelfs wat te gaan dansen en trillen. Je ziet er omheen in elk geval *niet* scherp.

Wanneer ze stoppen met zo scherp te kijken voelen veel mensen een lichte opluchting. Kennelijk kost deze manier van kijken veel inspanning!

Toelichting

Aan de binnenkant van ons oog zitten verschillende soorten kijkcelletjes. Scherp zien doe je dus maar met een klein klompje van kijkcellen, die daar in gespecialiseerd zijn.

Dat is wonderlijk, want je hebt het idee dat je de hele dag scherp ziet. Zou je echt alleen maar zo'n klein gebiedje van je oog gebruiken? En is dat echt zo inspannend?

We zullen in de volgende oefening ontdekken hoe we de rest van ons gezichtsvermogen kunnen gebruiken. Daar zie je in elk geval niet scherp mee!

Maar deze scherpe blik is inderdaad inspannend. Je gebruikt hem o.a. wanneer je controle wil houden, dingen goed wil onderscheiden, waakzaam bent. En dat doorlopend de hele dag.

Op het podium

Oei, als er één plek is waar je controle wil houden, dingen goed wil onderscheiden en waakzaam bent, dan is dat het podium wel! Speciaal wanneer je je niet helemaal zeker voelt van je optreden of enige

vorm van zenuwen, plankenkoorts, podiumangst
hebt...

Stel je nu voor, dat je het podium oploopt met deze
scherp gefocuste blik. Je ziet ieder detail van het publiek, maar steeds maar een klein deeltje van de
zaal. Om alles te zien moet je naar veel plekken kijken. Musici krijgen er soms zelfs een wat schichtige
houding van: hun blik schiet heen en weer, samen
met hun hoofd dat mee moet draaien. Van publiek
naar lessenaar naar dirigent naar een ander stukje
publiek naar medemuzikant naar muziekinstrument
naar — je zou het er toch Spaans benauwd van krijgen!

Ondertussen neemt het publiek jou waar. En voelt
het met je mee (weet je nog, van die spiegelneuronen
en dat innerlijk mee bewegen?). Samen met jou gaan
ze innerlijk ook waakzaam zitten wezen. En delen ze
jouw spanning.

Dat lijkt me geen goede start voor de communicatie
met je publiek.

Sommigen ontsnappen hier aan door het publiek dan
maar krampachtig te negeren.
Maar ook dat is een rare vorm van communicatie.
Want eigenlijk zeg je: "Ik doe net of jullie er niet zijn,
ik heb ook eigenlijk niets met jullie te maken, het is
natuurlijk ook gewoon lastig dat jullie daar die hele
zaal zitten te vullen! Weet je wat: doen jullie ook
maar net of ik er niet ben?"

Tenslotte lokt de scherpe blik ook een houding uit,
waarbij je als het ware buiten jezelf treedt: niet in jezelf gevestigd maar naar voren en naar buiten gericht. Je ziet het soms aan de houding van mensen,
dat ze voorover leunen, alsof ze bijna omvallen, of dat
ze het publiek hun boodschap willen inpeperen.

Kortom: het wordt tijd om je voor te bereiden op een
betere basishouding wanneer je jouw publiek tegemoet treedt.
Ik leer je nu eerst de *wijde open blik*.

Wijde open blik

- Houd je handen een paar centimeter voor je gezicht, met de handpalmen naar je toe, zó dat je net tussen je handen door kunt kijken.
- Kijk tussen je handen door naar een punt recht naar voren. Dit keer is niet de opdracht dat punt scherp te zien — integendeel: nu bepaalt het punt alleen je kijkrichting. Het is een steun om je ogen ontspannen naar voren te laten kijken, en niet stiekem opzij te laten floepen.
- Beweeg je handen in een halve cirkel richting je oren.
- Terwijl je ontspannen recht naar voren blijft kijken neem je tegelijkertijd je handen waar.
- Stop de beweging als je je handen uit het oog dreigt te verliezen.
- Laat één hand zakken. Wanneer je de oefening met meerdere mensen in een kring doet: *neem waar hoe je alle handen om je heen ziet zakken!*
- Laat ook de andere hand zakken.

Resultaat

Voor veel mensen is dit een wonderbaarlijke ontdekking, zeker in tegenstelling tot het focussen van de vorige oefening. Je blijkt een *enorm* blikveld te bestrijken! Pas als ze bij je oren aankomen, dreigen je handen uit je blikveld te verdwijnen.

Naast het kleine klompje cellen waar je scherp mee ziet heb je een enorme hoeveelheid cellen waar je — ja, wat zie je daar dan mee?

Je ziet er in elk geval niet scherp mee. Je onderscheidt er wel licht en donker mee, en beweging.

Evolutionair gezien is deze manier van kijken ouder, primitiever. Kikkers bijvoorbeeld hebben alleen deze manier van kijken.
Wanneer er vlak voor de kikker een vliegje zit ziet de kikker dat vliegje niet. Je ziet immers niet scherp met deze blik.
Maar wanneer het vliegje de kleinste beweging maakt doet de kikker "Gloeb!" en het vliegje is niet meer...
Want dan ziet de kikker het en slaat-ie toe.

Of: je rijdt 's nachts na een optreden terug naar huis over de snelweg. Opeens denk je geschrokken: "Ben ik al hier?" Zonder dat je het in de gaten had was je kilometers verder dan je dacht. Waarschijnlijk heb je al die tijd op de weg gehouden door onbewust te reageren op de witte strepen, zonder ze echt scherp te zien...

In de natuur kan het levensreddend zijn, wanneer je direct reageert op iets wat je in je ooghoeken ziet bewegen: een vijand
eten!

Resultaat bij musicals Voor opera- en musicalzangers kan deze manier van
kijken handig zijn als je op het toneel een medezan-
geres een liefdeslied toe moet zingen, zonder dat je
steeds nadrukkelijk naar de dirigent wil kijken (want
die hoeft in die liefde niet te delen). Zet je wijde blik
op en zie in je ooghoeken de bewegingen van de handen van de dirigent, terwijl je ondertussen je geliefde
trakteert op een fantastische liefdesverklaring en
haar alle aandacht geeft die het publiek (en zijzelf
hopelijk ook) van je verwacht.

Resultaat bij musici Instrumentalisten kunnen met dezelfde blik een
compromis vinden tussen noten lezen en tegelijker-
tijd over de rand van de lessenaar de dirigent waarnemen.

Niet de blik alleen Deze oefening van de wijde open blik is één van de
sterkste oefeningen die ik ken. Hoe vaker ik de oefe-
ning doe, hoe meer ik ontdek dat er veel en veel meer
inzit dan je op het eerste gezicht zou denken. Misschien kan deze ene oefening alle andere oefeningen
uit dit boek wel in hun geheel vervangen!

Voor ik daar meer over vertel doen we eerst een andere oefening tussendoor: het hekje.

De oefening met het hekje

Ik sta bij sommige koren bekend als "die man van dat hekje".
Ik heb er geen bezwaar tegen wanneer ze mijn naam vergeten
— dat hekje hebben ze tenminste onthouden!

Op het podium heb ik namelijk altijd mijn hekje bij
me.
Het is eigenlijk een geheim, niemand weet het, niemand ziet het. Het is een onzichtbaar hekje.
Maar wanneer ik merk dat ik gespannen ben, eigenlijk wat boven mijn macht of buiten mijzelf sta te
werken, dan roep ik het hekje te hulp.

Het hekje is speciaal voor mij op hoogte gesteld.
Want als ik sta is het een halve centimeter lager dan
waar mijn billen zijn. Een halve centimeter daaron-
der, dat is genoeg.

Dit is de oefening:

- Stel je voor, dat je comfortabel op jouw hekje gaat zitten.
- Doe dat op het moment dat je uitademt, ga als het ware met die adem mee zitten.

Dat is de hele oefening!

In deze oefening gebruik ik een beeld: alsof je op een hekje gaat zitten. Een beeld kan jou uitlokken tot een manier van bewegen, die ik eigenlijk niet anders kan beschrijven. Je hoeft dan niet technisch te denken (welke spieren moet ik nu hoe gebruiken?) maar kan je door het beeld laten inspireren.
Dat moet je jezelf dan wel toestaan. En misschien moet ik het je eigenlijk voordoen, zodat je automatisch meedoet vóór je jezelf wijs kunt maken dat zoiets onzin is.
OK, misschien is het inderdaad onzin. Maar wel heel zinvolle.

Stop met lezen, ga staan, stel je voor dat je je publiek aankijkt, doe de oefening vóór je verder leest echt even zelf en laat je verrassen.

Resultaat Moest je lachen toen je het deed?
Veel mensen zijn verrast omdat ze niet alleen een klein beetje door hun knieën zakken, maar tegelijkertijd in hun bovenlichaam heel veel spanning loslaten. Ze merken, dat ze zich daarvóór op een veel gespannener manier omhoog hielden dan kennelijk nodig was. Want al die spanning waarmee ze zichzelf "op" hielden laten ze los wanneer ze zich werkelijk verbeelden dat ze op hun hekje gaan zitten.

En daar zit iets raars aan, want er staat niet echt een hekje en toch laten ze al die spanning los.

Die spanning was dus overbodig?

Misschien niet helemaal.
We steunen met onze beide voeten eigenlijk op een belachelijk klein oppervlak voor het enorme gewicht dat daar bovenuit torent. Je moet op allerlei plekken spieren aanspannen om niet om te vallen. De hele dag door. Kijk maar naar een jong kind, dat met vallen en opstaan leert lopen. Gewoon staan is een behoorlijke inspanning. Voor je het weet val je al weer om!

We zijn gewend die spanning te leveren, ook wanneer we het misschien met minder af kunnen. Het hekje illustreert dat.

Sommige mensen voelen zich een beetje belachelijk, wanneer ze iets door hun knieën zakken. Maar het hoefde maar een halve centimeter! Daar is niets belachelijks aan, toch? Ik kan me wel voorstellen dat het *onwennig* voelt.
Vaak waarschuw ik een groep van te voren, dat ik hele gekke oefeningen met ze ga doen. Dat ze daar maar aan moeten wennen, omdat ik geen betere manier weet om ze uit te leggen. En dat ik ze uitnodig om het gewoon te proberen.

Nogmaals: de wijde open blik

De oefening met de wijde open blik biedt je de gelegenheid om meer te doen dan alleen je blik te verwijden.

- Je staat gewoon rechtop, alsof je op het podium voor je publiek staat.
- Doe de oefening nog een keer. Merk hoe de beweging van je handen en de verandering in je blik je uitlokt om als het ware heel rustig tegelijkertijd met je bovenlichaam iets achterwaarts te bewegen en op je hekje te gaan zitten.

Sta jezelf dat toe!

Resultaat

En merk vervolgens dat je de oefening nu vanuit een *totale lichamelijke betrokkenheid* doet.
Merk ook dat je houding tegenover je publiek fundamenteel is veranderd. Je hele houding is opener geworden, niet alleen je blik. Bovendien ben je door dat hekje als het ware meer "in jezelf geland", meer thuis in jezelf aangekomen.

Resultaat bij koren

Wanneer ik voor het eerst als gastdocent met een koor werk vraag ik aan de dirigent om de avond net zoals anders te openen met inzingen, stemoefeningen en een eerste lied.
Voor dat eerste lied vraag ik meestal om een wat gevoelig lied, dat het koor goed kent (liefst uit het hoofd) en dat ze mooi vinden.

Ik begin vervolgens de oefeningen met focussen, gevolgd door de wijde open blik en het hekje.

Daarna vraag ik het koor nog eens het eerder gezongen "mooie" lied te zingen.

Vrijwel altijd is de kwaliteit hoorbaar en fundamenteel veranderd: het koor is meer een eenheid geworden, en zingt een fractie zachter èn inhoudsvoller, gevoeliger.
Ook zie je na de oefeningen met de blik en het hekje dat de houding waarin mensen staan te zingen meer gelijkvormig is geworden. Herinner je je uit het vorige hoofdstuk, hoe ik allerlei verschillen in houding beschreef? Zonder dat ik een houding moest voorschrijven (allemaal rechtop staan en recht naar voren kijken?) is daar automatisch een eenheid in gekomen.
Niet alleen naar het publiek toe zijn de blik en houding geopend. Kennelijk zijn mensen ook meer geopend voor de inhoud en stemming van het lied. En zijn ze meer geopend voor hun medemuzikanten. Met als resultaat inhoudsvoller zingen, èn een grotere eenheid in de samenklank en visuele presentatie.

Dat is enorm veel winst, vanuit maar één oefening waarvan je eerst dacht dat het alleen maar ging om de ogen...

Een vraag is nog, of het eigenlijk wel kan: een hele avond optreden zonder scherp te zien met die immens wijde open blik.
Dat kan inderdaad niet en is ook niet mijn bedoeling.
Vanuit de oefening met de wijde open blik kun je wel een soort midden vinden tussen helder zien wat je moet zien, en tegelijkertijd een wijde open blik behouden.
Dat geeft in elk geval een totaal andere houding, dan die waakzame gefocuste blik waar ik het in het begin van dit hoofdstuk over had.

Gewicht corrigeren Voor zangers moet ik aan de oefening met het hekje nog iets toevoegen.
De oefening lokt uit, dat je je hele gewicht naar achteren op je hielen zet. Dat geeft voor zang een verkeerde houding, die we moeten corrigeren:

- Beweeg je iets naar voren en voel je gewicht op je tenen komen.
- Beweeg weer naar achteren, voel je gewicht op je hielen komen.
- Zoek nu het midden op: je hele voet is belast terwijl je nog steeds comfortabel op je hekje zit.

Door deze kleine (maar belangrijke) toevoeging krijgt met name de voorkant van je keel meer ruimte.

En verder?

Ik schrijf hier nog eens de openingsregels van dit hoofdstuk:

Ik ben dus op zoek naar een

- open, het publiek tegemoetkomende en uitnodigende houding,
- waarbij ik ook oog en oor heb voor mijn medemuzikanten en
- waarbij ik in mezelf gevestigd ben, thuis ben bij mijzelf en
- ruim en volledig beschikbaar ben voor mijn optreden en het publiek.

In het volgende hoofdstuk ondersteun ik dat met nog twee andere basisoefeningen, die ik altijd vóór de oefening met de wijde open blik doe. In dit boek noem ik ze samen steeds *de drie basisoefeningen*.

Er is over de blik nog veel meer te zeggen, voor alle podiumkunstenaars. Bij opkomen, aankondigingen doen, applaus ontvangen en afgaan is de wijde open blik een belangrijk middel voor een heldere podiumpresentatie:

- In het volgende hoofdstuk voeg ik twee andere basisoefeningen toe.
- Daarna komen hoofdstukken over de toepassing bij opkomen, applaus ontvangen en dergelijke niet-muzikale momenten voor alle musici.
- En van daaruit groeien we naar inhoudsvol zingen en aankondigingen doen.

3. De drie basisoefeningen

In dit hoofdstuk beschrijf ik twee nieuwe oefeningen:

- *aarden en*
- *een oefening om ruim en beschikbaar aanwezig te zijn.*

De derde basisoefening ken je al:

- *de wijde open blik.*

Tenslotte beschrijf ik in plaats van de oefeningen een korte weg *om de gewenste effecten bliksemsnel te verkrijgen.*

1. Aarden

Aarden is een vakterm uit de dans, mime, sport, yoga, spirituele vechttechnieken. Aarden betekent zoveel als: met beide benen stevig op de grond staan, in jezelf gevestigd.

Dat stevig op de grond staan mag je letterlijk nemen: je voeten maken helder, volledig contact met de grond. Zo stevig, dat je daar als het ware al je kracht aan kunt ontlenen. Zo stevig, dat iemand anders je niet omver kan duwen.

Ook in deze oefening gebruik ik beelden. Met opnieuw de uitnodiging om jezelf toe te staan in het beeld mee te gaan. Wanneer ik je in de speeltuin boven op de wip laat staan kan dat natuurlijk nooit echt. Je zou er zo van af vallen. Maar in de oefening spelen we dat het kan, zonder de minste moeite.

Veiligheid
In deze oefening sta je in een flinke spreidstand en ga je vrij diep door je knieën. Dat kan alleen wanneer je je voeten schuin naar buiten zet — dus niet je tenen recht naar voren laat wijzen. Je controleert dit door je knie te buigen: je knie moet dan in dezelfde richting wijzen als je tenen. Wanneer dat niet geval is zou je je knie verdraaien (voetbalknietje).
Controleer dit dus voor je de oefening start.

Aarden 1ste vorm　　We verkennen om te beginnen de oefening globaal:

- Stel je voor dat je in de speeltuin boven op de wip staat.
Je staat precies in het midden, boven het draai-punt. Rechts van je in de verte is het ene stoel-tje, links van je in de verte is het andere stoeltje. Je staat dus met één voet op de ene arm van de wip, en met de andere voet op de andere arm. Precies midden onder je zit het draaipunt.
- Ga daar in een vrij flinke spreidstand staan, met je tenen schuin naar buiten gericht. Controleer of je knie en je teen in dezelfde richting wijzen wanneer je een knie buigt.
- Stel je nu voor dat je met één voet druk uitoefent op de ene arm van de wip. Heel langzaam komt die in beweging, hij gaat omlaag (= je buigt je knie).
- Op een gegeven moment raakt het stoeltje de grond: je knie is diep gebogen.
Je wisselt nu van voet: je oefent met je andere voet druk uit om de andere arm van de wip om-laag te bewegen; de arm die daarnet de grond raakte komt ondertussen weer omhoog.
- Beurtelings beweeg je naar links en naar rechts met de druk van je voeten en de buiging van je knieën mee. Doe dat in een rustig tempo: het is een zware wip, het kost tijd en inspanning om de wip in beweging te krijgen.

Aarden 2de vorm　　Wanneer ik dit zelf met een groep mensen doe on-derbreek ik ze vrij snel om misverstanden direct aan te pakken en de oefening effectiever te maken:

- Sommige mensen doen de oefening niet alleen met hun voeten en benen. Ze duwen met hun schouders of armen mee. Je ziet dat, omdat hun bovenlichaam schuin opzij gaat hangen.
Blijf met je bovenlichaam rechtop staan, rustig in het midden. Laat je voeten en benen het werk doen, en laat ook je armen los, ontspannen han-gen.
- Hoe diep boog je je knieën? Veel mensen denken dat ze dat al behoorlijk diep doen — het voelt alsof ze tegen een grens aanzitten en niet dieper kunnen.
Toch kunnen veel mensen dieper. Bij mij ziet de

oefening er uit alsof ik bijna zit, zo diep kan ik door mijn knieën.

- Je drukt beurtelings met een voet op de grond. Gebruik die druk niet om jezelf omhoog te laten veren. Dan word je een licht poppetje dat bovenop die wip lichtjes omhoog staat te hippen.
Het is een zware klus!
Stel je voor dat je een potloodje in je navel zou steken. Wanneer je er een papiertje voor houdt teken je een heen-en-weer gaande lijn. Die lijn ziet er niet uit als een bergje (= licht omhoog hippen), maar als een rechte horizontale lijn, of zelfs liever nog: als een dal.

Doe de oefening nog eens met deze nieuwe aanwijzingen erbij.

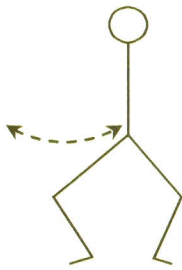

Sluit de oefening als volgt af:

- Als de beweging goed lukt (denk erom, doe het niet te snel, het gaat erom dat je kracht uitoefent op de vloer en tamelijk diep door je knieën gaat en dat kost tijd) stel je je voor, dat de wip goed in beweging is. Maar dan ga je de wip weer tegenhouden!
- Wanneer je je dat levendig voorstelt zal je als vanzelf nog meer kracht op de grond uitoefenen.
- Maak ondertussen de beweging elke ronde kleiner, alsof de wip langzamerhand (horizontaal) weer tot stilstand komt.
- Zet bij iedere wisseling van voet je voeten een klein stukje dichter bij elkaar. Doe dit tot je weer in een "normale" stand staat, met de voeten iets uit elkaar zonder dat het nog als een spreidstand voelt.
- Let op: het is belangrijk dat je knieën niet gestrekt worden, maar lichtjes gebogen blijven. Mensen die gewend zijn om met overstrekte knieën te staan vinden dit erg onwennig!

- Controleer of je beide voeten nu evenveel en volledig contact maken met de grond.
  Je kunt dit testen door een klein beetje voorover te leunen (je voelt je gewicht op je tenen komen), achterover te leunen (je voelt je gewicht op je hielen komen) en daarna het midden op te zoeken (je voelt hoe je gewicht zich over de hele voet verdeelt).
- Zorg ook dat links en rechts evenveel gewicht is.

Testje tussendoor   Wat gebeurt er wanneer je tussendoor, nèt voor je de oefening stopt, met dit gewicht op de grond en deze gebogen knieën een paar stappen loopt?

Resultaat   Veel mensen ervaren dat ze volkomen anders bewegen. Het voelt alsof al je gewicht omlaag gestroomd is, alle spanning waarmee je jezelf normaal gesproken omhoog houdt is afgevloeid, naar beneden toe.
Hé, had je iets dergelijks niet ook al ervaren bij de oefening van het hekje?

Toelichting   Dat is misschien een beetje teveel van het goede? Zo zwaar moet je toch niet bewegen?
Nee, inderdaad. Maar het zo sterk ervaren kan geen kwaad!
Aan de ene kant is het nodig om goed geaard te staan, krachtig in jezelf gevestigd. Deze oefening geeft daar een fantastisch uitgangspunt voor.
Daarnaast heb je ook behoefte om helder, ruim en open aanwezig te zijn. Niet alleen maar zwaar en in elkaar gezakt, maar krachtig, ruim èn makkelijk beschikbaar voor het maken van je muziek. Daar doen we zo de volgende oefening voor. Maar eerst nog even een variatie:

Aarden 3de vorm   In plaats van de *wip* kun je ook een ander beeld nemen: *een enorme circusbal.*

- Stel je voor dat je boven op een enorme circusbal staat. Opnieuw: er zijn geen problemen met je evenwicht.
- Je brengt met je voeten de bal onder je in beweging: de bal rolt een klein stukje opzij onder je, daarna de andere kant opzij weer terug. Dus van links naar rechts, niet van voren naar achteren.
- Om dat te doen klauw je je voeten als het ware tegen de grond aan. Alsof je bij wijze van spreken de hele wereldbol onder je opzij wil laten rol-

len — terwijl in werkelijkheid jij degene bent die heen-en-weer beweegt.

Resultaat *Wat is het verschil tussen het beeld van de wip en het beeld van de bol, terwijl je verder in wezen dezelfde oefening doet door kracht uit te oefenen op de grond en je knieën te buigen?*

Bij de wip gebruik je steeds beurtelings één voet om kracht op de grond uit te oefenen.
Maar bij de bol klauw je als het ware beide voeten tegelijk in de grond om deze opzij te bewegen. Die variatie is daarmee eigenlijk krachtiger.

2. Ruim en beschikbaar aanwezig zijn

Daarstraks constateerde ik, dat de oefening om te aarden misschien een beetje teveel van het goede opleverde. Daarom is deze tweede oefening een logisch vervolg.

Veiligheid 1 De oefening doe je op je ademritme, met een lange diepe ademhaling. Om hyperventilatie te voorkomen begint de oefening met het uitademen van de restlucht.
Ook wanneer je denkt dat je al uitgeademd hebt is er altijd nog een hoeveelheid restlucht in je longen aanwezig. Die adem je eerst, met open mond, in één zucht uit.

Veiligheid 2 De oefening is sterk opwekkend. Je krijgt een enorme toevoer van zuurstof en energie. Dat is een heerlijke warming-up vlak voor je optreden — en dat zonder dat je eerst tien rondjes moet rennen of iets dergelijks!
Speciaal wanneer je de oefening met bijvoorbeeld een ouderenkoor zou doen zit daar ook een uiterst miniem risico in, wanneer mensen last hebben van hartritmestoornissen.
Doe de oefening maximaal drie keer achter elkaar. Dat is een meer dan ruimschoots veilig aantal.

De adem In de oefening gebruiken we de ademhaling als basis.

- Bij de inademing tuit je je lippen tot een klein rondje, bijna alsof je een kus geeft. Wanneer je de lucht door het kleine rondje inzuigt krijgt het inademen ook een duidelijk geluid.

Het effect is dat je niet in één keer een grote hap lucht inademt, maar dat de inademing een tijdsspanne gaat innemen. Je verdeelt de inademing als het ware over een grote tijdsboog.

- Tijdens de uitademing maak je het geluid van een zachte vvvvv. Dat heeft een overeenkomstig effect als het tuiten van je lippen, alleen wordt de tijdsduur van de uitademing nog iets langer dan die van de inademing.

Veiligheid 3

De oefening bestaat uit twee bewegingen, de ene op de inademing, de andere op de uitademing. Wanneer je de oefening met meer mensen tegelijkertijd doet is het belangrijk dat jij jouw eigen tempo bepaalt aan de hand van de lengte van jouw in- en uitademing.

Je verdeelt de bewegingen dus over de lengte van je eigen adem. En wacht met de volgende beweging tot het moment waarop je voelt dat je op een natuurlijke manier de volgende adembeweging inzet.

Dat levert op het conservatorium een prachtige situatie op, wanneer je violisten en blazers naast elkaar hebt! Die lopen soms wel heel ver uiteen...

De beweging

Vanuit de oefening om te aarden sta je geaard, je voeten maken in hun geheel contact met de grond, je knieën zijn licht gebogen.

- Je brengt je handen naar elkaar toe, ter hoogte van je dijbenen, met de ruggen van de hand tegen elkaar.
- Laat alle restlucht, met open mond, in één zucht wegstromen;
- Adem door een klein rondje duidelijk hoorbaar in (= van de inademing qua tijd een echte lange boog maken);
- Richt je aandacht op de handen;
- Op de inademing beweeg je je handen van laag voor je onderbuik vlak voor het lichaam langs recht naar boven;
- Tot je armen zo ver mogelijk omhoog wijzen — je handen vouwen mee om, zodat de handpalmen nu open naar elkaar gericht zijn;
- Op het hoogste punt gaan de ellebogen iets naar achteren;
- Uitademen op een zachte vvvv-klank (= een nog langere boog voor de uitademing);

- Op die uitademing de handen in ruime halve cirkels precies opzij weer terug omlaag laten bewegen, als soepele penselen langs een denkbeeldige bol om je heen (ellebogen niet overstrek-

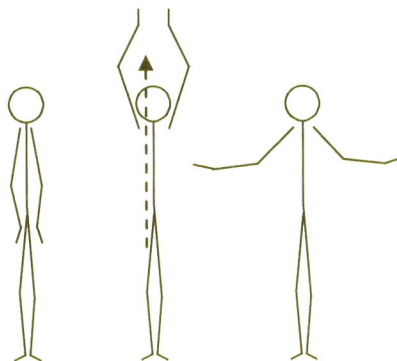

ken);
- Wanneer jij daar aan toe bent (jouw eigen ademtempo bepaalt de snelheid van de bewegingen) start je op de volgende inademing een nieuwe bewegingsronde;
- Totaal maximaal drie keer doen.

Wanneer ik dat met een groep voor het eerst doe onderbreek ik ze meestal na de eerste ronde voor enkele aanvullende aanwijzingen.

De inademing Sommige mensen hebben de neiging om, door het omhoog bewegen van de handen, ook hoog te gaan ademen.
Je voorkomt dat door op de inademing, gelijk met de start van de armbeweging, lichtjes iets door de knieen te zakken. Automatisch nodig je je adem uit om lager te starten, je opent het bekkenbodemgebied.
Tijdens de oefening strek je weer een ietsje terug op, maar niet te veel — de knieën blijven altijd licht gebogen.

De uitademing Gebruik de terugweg om je schouders te ontspannen, en de achterkant van je rug. Land als het ware weer in jezelf (op je hekje) en controleer of je voeten nog steeds (of weer opnieuw) goed contact met de grond maken.

Nogmaals Voer met deze aanvullingen de oefening nu in zijn geheel uit, drie rondes.

Resultaat: ruimte   De oefening werkt enorm verruimend op de gehele romp. *Ruim en beschikbaar aanwezig zijn* noemde ik deze oefening. De zuurstoftoevoer (en het opwarmende effect daardoor) noemde ik al eerder.

Sommige mensen ervaren tijdens de oefening dat hun handen gaan tintelen, of zwaar worden, warm worden.
Daar is niets verontrustends aan. De vraag was om je aandacht in je handen te leggen. Wanneer je je aandacht op een lichaamsdeel richt gebeurt daar iets wonderlijks mee: het ontspant een heel klein beetje. Zomaar vanzelf, alleen door het richten van de aandacht.
Het gevolg daarvan is, dat er meer ruimte is voor doorbloeding. Samen met de toevoer van zuurstof is dat verantwoordelijk voor al die effecten.

Resultaat: rust   Vaak daalt er tijdens deze oefeningen een soort geconcentreerde rust over mensen.
Dat is een belangrijk effect wanneer je de oefeningen doet als warming-up vlak voor een optreden. Zouden ze een middel zijn tegen podiumangst?

Podiumangst voed je met gedachten. Over hoe het straks moet, waar je vooral op moet letten, waar je bang voor bent, of je de verwachtingen wel waar kunt maken, enzovoorts. Gedachten dus.

In de twee basisoefeningen zit duidelijk de vraag om je aandacht te richten op je voeten (aarden) of je handen (ruim en beschikbaar aanwezig zijn). En dan gebeurt er iets merkwaardigs: je kunt niet tegelijkertijd denken èn voelen. Wanneer je je richt op het voelen wordt je denken onderbroken, *je gedachten komen tot rust.*

Nu weet ik niet of dat voor een optreden net zo sterk werkt als in een repetitie of les — want je ondermijnende gedachten kunnen dan héél sterk zijn en steeds opnieuw de kop opsteken — maar deze oefeningen zijn zeker een middel om het allerergste van podiumangst af te halen!

3. Wijde open blik

Na het *aarden* en het verwerven van *ruim en beschikbaar aanwezig zijn* maak je het proces volledig door de oefening met de *wijde open blik* te doen.

Misschien heb je in de armbeweging van de tweede oefening herkend, dat die beweging een variatie is op de openende en verruimende beweging met de handen uit deze derde oefening.

Misschien heb je ook de overeenkomst gevoeld tussen de beweging om te aarden en het trucje van op een hekje gaan zitten.

Resultaat: ruimte Wanneer je de oefening van de wijde open blik met het hekje doet ná de twee andere basisoefeningen, merk je misschien nog een paar resultaten, die eerder aan je aandacht ontsnapt waren:

- voel de ruimte onder je oksels en
- voel de ruimte in de breedte bij je borstbeen

Ik schrijf hier nogmaals de vraag op uit het vorige hoofdstuk:

Ik ben dus op zoek naar een

- open, het publiek tegemoetkomende en uitnodigende houding,
- waarbij ik ook oog en oor heb voor mijn medemuzikanten en
- waarbij ik in mezelf gevestigd ben, thuis ben bij mijzelf en
- ruim en volledig beschikbaar ben voor mijn optreden en het publiek.

Met deze drie basisoefeningen beantwoord je deze vraag ruimschoots.

Tandenborstel — tandpasta

Schreef ik al dat ik bij sommige mensen *die man van dat hekje* heet?
Hier komt mijn volgende bijnaam. Ik ben namelijk ook *die man van tandenborstel — tandpasta!*

Hier is een dringend advies.

Je kunt de oefening van de wijde open blik heel simpel twee keer per dag eventjes oefenen. Op het moment dat je 's ochtends en 's avonds je tanden gaat poetsen. Dan sta je bij de wastafel met in je ene hand je tandenborstel en in je andere hand de tandpasta. En dan doe je met die tandenborstel en die tandpasta de oefening. Je houdt ze op ooghoogte voor je gezicht en beweegt ze in een halve cirkel naar je oren, terwijl je je ogen op de spiegel gericht houdt.

Na een week heb je jezelf geleerd hoe het voelt om je blik te openen en te verwijden. Wanneer je dat innerlijk weet kun je het ook op ieder gewenst moment te-voorschijn roepen.
Ik doe dat, door aan de twee punten te denken naast mijn buitenste ooghoeken. Als je ze met je vinger aanraakt voel je het bot van je oogkas.

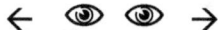

Wanneer je die twee punten als het ware wat uit el-kaar denkt krijg je automatisch ook de wijde open blik. Als je die blik goed kent kun je hem op ieder moment zo oproepen. Ik steun dat soms met de ge-dachte aan: "Open bloeien! Open bloeien!"

Korte weg

Vóór ik het podium opga doe ik de drie oefeningen uit dit hoofdstuk uitgebreid als warming-up.

Wanneer ik weinig tijd heb bepaal ik mij tot de oefe-ning van de wijde open blik in combinatie met het hekje. Het hekje vervangt dan het aarden, en de ver-ruiming van mijn blik met de handbeweging kan ik gebruiken om ook mijn borstkas te verruimen (dat doe je door ruimte onder je oksels te maken).

En wanneer er helemaal geen tijd is ga ik op het hek-je zitten, en verwijd ik mijn blik door de buitenste punten naast mijn ooghoeken uit elkaar te denken.

Dat laatste is tijdens een optreden belangrijk!
Op ieder moment dat je merkt dat je de basishouding kwijt bent, kun je die weer oproepen met het hekje en de buitenste punten naast je ooghoeken. Bijvoor-beeld tijdens applaus tussen twee nummers in. Voor het publiek is dat eigenlijk onzichtbaar.

En verder?

Vanuit de basisoefeningen kun je het podium op.
Opkomen, applaus ontvangen en *afgaan* zijn daarmee de volgende onderwerpen.

Voor ik daar mee verder ga maak ik even een tussenstop.

Eerst vraag ik me af waar publiek eigenlijk voor komt, dus ook: wat ze *boeit*.
En ik vraag me af *hoe je je toneel inricht*, vóórdat je opkomt en je optreden begint.

In het kort

- *Fysiek en mentaal volkomen beschikbaar zijn voor jouw optreden veronderstelt een open, ontspannen en in jezelf gevestigde houding.*
- *De drie basisoefeningen (aarden, ruim en beschikbaar aanwezig zijn, de wijde open blik) zijn een helder antwoord op die uitdaging.*
- *Waarbij de korte weg via de wijde open blik en het hekje je tussendoor-redding is.*

4. Een boeiend toneelbeeld

Waar komt je publiek eigenlijk voor? Wat zoeken mensen in jouw optreden en wat treft ze?
En hoe schep je daar goede voorwaarden voor in je toneelbeeld?

Boeiend zijn

Sinds 1980 programmeer, organiseer en begeleid ik schoolvoorstellingen en schoolconcerten. Later heb ik ze ook geregisseerd, en speel ik zelf schoolvoorstellingen.

Kinderen als maatstaf De mythe is, dat kinderen lastig publiek zijn. En dat je allerlei bijzondere trucjes zou moeten uithalen om ze te boeien.

Niets is minder waar.
Kinderen zijn niet lastig, kinderen zijn *eerlijk*.

Wanneer kinderen jou zien op het podium, vragen ze zich om te beginnen af of jij een *interessant persoon* bent.
En pas in de tweede plaats of wat jij daar doet ook boeiend is.
En wanneer ze niet geboeid zijn stoppen ze met jou aandacht geven. En dat is (helaas?) een eerlijke zaak.

Kinderen hebben recht op de hoogste kwaliteit van de beste kunstenaars! Die conclusie heeft niets met dit boek te maken, maar ik zeg het toch maar even.

Volwassenen zijn vaak beleefder, en geven jou langer de kans om op jouw podium op jouw manier jouw ding te doen.
Maar ondertussen denk ik dat ze precies dezelfde behoefte hebben.

Daarmee is mijn uitgangspunt de vraag, of jij jezelf *kenbaar* wil maken voor je publiek, als interessant persoon.

De drie basisoefeningen zijn ook hier een helder antwoord op. Wanneer je met een open, verwelkomende houding en een wijde open blik opkomt doe je dat vanzelf. Daar ga ik in het volgende hoofdstuk verder op in.
Je kunt er op vertrouwen dat jij jezelf, vanuit de drie basisoefeningen, open en volledig presenteert. En dat is meer dan voldoende om een "interessant persoon" te zijn.

Een andere vraag is hoe je jezelf nog steeds kenbaar houdt onder het musiceren.

Ik vergelijk een orkest soms wat oneerbiedig met een middeleeuws kasteel. Alsof musici zich bovenop de kasteelmuur achter kantelen verschansen, zo verdwijnen sommigen achter hun lessenaar en bladmuziek!
Popmusici hebben op dezelfde manier de neiging zich diep te verschuilen achter of te verdwijnen in hun technische opstelling.
Jammer, want het verschil tussen een cd en een concert is juist, dat publiek life in contact is met mensen die muziek maken. En musici dat proces met hun publiek kunnen delen. Wat is er interessanter dan een echt vakmens aan het werk zien?
Geef publiek een volledige blik op jou — innerlijk meebewegen was de sleutel tot hun betrokkenheid. Dus geef ze ook iets waar ze dat mee kunnen!

Het voormalig Noordhollands Philharmonisch Orkest voerde voor de groepen acht van basisscholen een strijkconcert uit. Dat concert werd afgesloten met het Dubbelconcert van Bach. Twee violistes uit het ensemble speelden de solo's.

Jammer genoeg was dat in de praktijk het minst geconcentreerde onderdeel van het concert. Niet dat het uit de hand liep, maar je voelde toch dat dit slotstuk veel van de kinderen vroeg. Te veel?

Toen kwam iemand met het idee het Dubbelconcert te laten spelen door twee getalenteerde leerlingen van de bekende vioolpedagoge Davina van Wely. Kinderen van een jaar of dertien, dus bijna leeftijdsgenoten van het publiek.
Vanaf dat moment was het Dubbelconcert het meest geconcentreerde onderdeel van het schoolconcert!

Wat was er dan anders, behalve dat het publiek zich misschien meer kon identificeren met de twee solisten-leeftijdsgenoten?

De jonge violisten waren een open boek: ze stonden te hippen en te swingen, wanneer het spannend was kon je dat zien, wanneer het lekker ging zag je dat ook, wanneer een passage moeilijk was zag je hun concentratie toenemen, en wanneer het goed gegaan was zag je het plezier en de opluchting. Kortom: het publiek kreeg een volledige blik in een keuken die anders gesloten blijft!

Nu wil ik niet direct zeggen, dat je het publiek altijd maar deelgenoot moet maken van al je problemen en fouten. Maar wel, dat publiek een open blik in de keuken gunnen een optreden wezenloos interessant kan maken. Muziek maken is ook gewoon hard werken, dat mag gezien worden — vaak is het een bijzondere prestatie, waar je lang voor geoefend hebt.

Voor podiumpresentatie is niet alleen van belang dat je met een open en verwelkomende houding je publiek tegemoet treedt, maar ook dat het toneelbeeld open is, zodat het musiceren helder transparant zichtbaar is.

Daarmee bedien je zowel de meer dan 70% publiek van wie je verwachten kunt dat ze als voorkeurszintuig het *zien* hebben, als het merendeel van de mensen die *innerlijk meebewegend* jouw optreden volgen. En in kindertermen: dan kun je laten zien dat je een boeiende persoon bent, die boeiende dingen doet.

Toneelbeeld

Het toneelbeeld is het plaatje, waar publiek het hele optreden naar zit te kijken.

Openheid

Hierboven noemde ik de openheid, waardoor jij jezelf en jouw musiceren kenbaar maakt.

Alles telt mee

Maar er is meer aan de hand. Bijvoorbeeld: alles wat het publiek ziet speelt mee in het beeld dat mensen krijgen van jouw optreden.

Ooit in een bos gelopen en gedacht dat er aan het eind van het pad iemand stond? En toen was het een struik?
Het is een eigenschap van ons denken in samenwerking met onze zintuigen: we móeten van alles wat we waarnemen een zinvol geheel maken. Wanneer we elementen uit ons ge-

zichtsveld niet thuis kunnen brengen lossen we dat op door te dènken dat er aan het eind van dat pad iemand staat. En vervolgens vertelt ons denken ons, dat we dat inderdaad zien. Raar maar waar: je ziet niet wat je ziet, maar je ziet wat jij innerlijk maakt van wat er te zien is.

Ik streef altijd naar een zo schoon mogelijk toneelbeeld. Alles wat niet zinvol aanwezig is verwijder ik — want publiek neemt het in hun waarneming mee. Daar valt ook mijn tas met niet gebruikte bladmuziek onder, of een leeg tafeltje dat toevallig in de hoek stond.

Kleding

Wat kies je aan kleuren, materialen, stijl, uitstraling? Zijn die keuzes in overeenstemming met je muziek, publiek, locatie?

En voor een ensemble of koor: hoe breng je eenheid in alle eventuele verschillen?

Een veel gekozen oplossing is dan om op een afgesproken basis (die niet per definitie zwart-wit hoeft te zijn!) te werken met attributen, die allen van dezelfde materialen en kleuren gemaakt zijn. Er zijn dan allerlei variaties en afwijkingen mogelijk, zowel binnen de basis als in het soort attributen dat je maakt.
Bijvoorbeeld: allemaal dezelfde kleur broek of rok, met t-shirts met dezelfde hals en mouwen in vier verschillende pasteltinten als basis, en sjaals, strikjes, dassen als attributen.

Compositie

Bekijk vanuit de zaal het totaalbeeld.
Is er een soort evenwicht tussen alle elementen? Bijvoorbeeld: naast een grote zware vleugel links zijn rechts twee kleinere elementen (zoals een violist en een bloemstuk) die de compositie in evenwicht brengen.

Achtergrond

Is de achtergrond neutraal, of een rommeltje? Tegen een donker achterdoek speel je prettiger dan voor een witte muur met een prikbord met losse mededelingen.

Licht en donker

De kleur is hier ook belangrijk: ons oog wordt getrokken door beweging en door licht.
- Een achtergrond mag dus niet te licht zijn in verhouding tot de musici.

- Vraag je af hoe jouw kleding zich verhoudt tot de rest, o.a. de achtergrond, je instrument en je bladmuziek.
- Witte bladmuziek trekt de meeste aandacht — laat die dus niet rondslingeren en gebruik bij voorkeur een zwarte ondoorzichtige muziekstandaard of map.
- En letterlijk: hoe valt het licht op jou? Sta je niet in tegenlicht? Of in de schaduw?

Wanneer je niet in een theater optreedt kom je vaak slechte lichtomstandigheden tegen. Bijvoorbeeld: je staat in een zaaltje opgesteld, en dan blijkt de tl-balk boven je hoofd net achter je te hangen. En is de plek waar jij wilde staan net de minst lichte plek tussen de tl-balk vlak achter je hoofd en de volgende balk een eind verderop de zaal in, boven de hoofden van het publiek. En sta je dus in tegenlicht met een schaduw over je gezicht.
Ik wijd aan het eind van dit boek een apart hoofdstuk aan theaterlicht voor musici.

Op tijd

Om iets aan al dit soort omstandigheden te kunnen doen moet je meer dan ruim op tijd op je podium aanwezig zijn. Te veel musici maken zichzelf slachtoffer van slechte omstandigheden door daar eigenlijk geen tijd voor in te ruimen.

En verder?

Mooi, we hebben nu hopelijk een goed en vooral *open toneelbeeld*, en een goede *houding* vanuit de basisoefeningen. Aanvang! We kunnen het podium op.

In het kort

- *Het is de moeite waard om je bewust te zijn van jouw voortdurende communicatie met het publiek, met name wanneer je even geen muziek maakt.*
- *Want het publiek beweegt innerlijk met jou mee en neemt alles waar.*
- *Een zo open mogelijke communicatie met het publiek is daar het beste antwoord op. Je hoeft eigenlijk niets te verbergen — alles wat er is, is er!*

5. Opkomen

Zal ik het nog maar weer eens opschrijven?
Ik ben op zoek naar een:

* open, het publiek tegemoetkomende en uitnodigende houding,
* waarbij ik ook oog en oor heb voor mijn medemuzikanten en
* waarbij ik in mezelf gevestigd ben, thuis ben bij
mijzelf en
* ruim en volledig beschikbaar ben voor mijn optreden en het publiek.

Je creëert die houding met de drie basisoefeningen.
En daarmee kun je het publiek tegemoet treden.

*In dit hoofdstuk schrijf ik meer over verlegenheid en
andere vormen van podiumangst die een rol spelen bij
het opkomen, en hoe je daar mee om kan gaan. Daarbij geef ik, als uitbreiding op de eerste basisoefening,
meer manieren om te aarden.*
*Verder zijn bij koren en ensembles afspraken nodig
om samen op te komen. Bij koren is zingend opkomen
nog een mogelijkheid.*

Verlegenheid

In *hoofdstuk 2. De wijde open blik* beschreef ik bij *focussen* de gevolgen van een scherpe vernauwde blik.
Zoals schichtig het publiek inkijken, of het hoofd af-
wenden en dan maar het publiek negeren.

Laten we dat laatste wat verder uitwerken: je komt
het podium op, schrikt eigenlijk van het zien en aankijken van het publiek, en wendt in een reflex je
hoofd af. Misschien zou je jezelf wel even voor je
hoofd willen slaan, maar je hebt die blik nou eenmaal
afgewend. Met gespannen schouders loop je dan
maar door, met een kronkel in je lijf omdat je je zelfs
een beetje van het publiek afdraait, voor geen goud
zou je het publiek nog durven aankijken...

Goed, dat is op zichzelf een natuurlijke reactie. En denk niet: hij overdrijft — daar heb ik het in mijn lessen en de praktijk net iets te vaak voor gezien. Ja, zelfs in de les, zonder echt publiek!

Is het mogelijk om in lessen podiumpresentatie verlegenheid te leren verbergen?

Nee!
Hoe graag je dat misschien ook zou willen: verlegenheid verbergen is geen oplossing.
In het vorige hoofdstuk zei ik, dat publiek eigenlijk aan jou vraagt om jezelf *kenbaar* te maken. En dat doe je niet door iets te verbergen. Dat is namelijk net iets te zichtbaar, publiek ziet dat onmiddellijk. Publiek ervaart onmiddellijk dat je jezelf afschermt. En afschermen is geen goede start voor communicatie met mensen die innerlijk met jou zitten mee te bewegen.
Helaas.

Je kunt wel leren, dat je *met* en *ondanks* verlegenheid een goed optreden kan neerzetten.

Ondanks verlegenheid Het is soms wonderbaarlijk om héél verlegen mensen op het moment dat ze muziek gaan maken te zien veranderen in vakmensen, die hun instrument beheersen en prachtig muziek maken. Op het moment dat je aandacht gaat naar *muziek maken* kan verlegenheid bijna ongemerkt oplossen. En gaat het publiek ook gewoon van jouw optreden genieten.

Daar ligt dus het begin van een oplossing: je aandacht verleggen naar je opdracht, niet naar het blijven constateren van je verlegenheid. Je zelfvertrouwen zal versterkt worden wanneer je vaker optreedt en vaker merkt dat je daar goed doorheen komt, ondanks verlegenheid of (laten we dat andere woord ook maar weer eens noemen) podiumangst.

Ken je dat gevoel, dat je als het ware buiten of achter jezelf staat en ziet hoe je allerlei dingen net niet helemaal 100% goed doet? Je staat bijna letterlijk buiten jezelf en loopt als het ware achter de feiten aan. Je doet je optreden èn je neemt tegelijkertijd jezelf als optredende waar. Dat zijn dus twee dingen tegelijk, waarvan er één te veel is! Bovendien *volg* je het proces, in plaats van het te *leiden*.

In jezelf gevestigd zijn was de boodschap. Aarden of op je hekje gaan zitten zijn hulpmiddelen om een eind te maken aan die dubbele bezigheid, en je weer te richten op de belangrijkste: optreden.

Op je hekje gaan zitten is een korte weg, die je op elk gewenst moment in een optreden kunt inlassen zonder dat je publiek dat merkt.

Met verlegenheid Optreden doe je dus *met* je verlegenheid. Omdat je je dan op een open manier kenbaar maakt aan het publiek. Je hoeft er niet tegen te strijden, je hoeft het alleen maar mee te nemen in jouw optreden, als iets dat er gewoon ook is — hoeveel mensen zijn er in de zaal die het jou durven na te doen? Hoeveel mensen zouden er zitten, die zich *niet* kunnen voorstellen dat jij verlegen zou kunnen zijn?

Neem verlegenheid dus simpelweg mee, richt je aandacht op je opdracht (het publiek welkom heten en muziek maken) en voer die opdracht uit.
Eerlijkheid ontwapent en houdt de communicatie open. Gebruik de basisoefeningen om daar een goede start mee te maken.

En zo'n reflex dan, dat automatische ontkennen van het publiek waar ik dit hoofdstuk mee begon?

Neem ook dat mee als een gegeven.
Dus sla jezelf niet voor je hoofd omdat je zoiets doet. Het kenmerk van een reflex is, dat je het gedaan hebt vóór je er over *kon* nadenken.
Je kunt vervolgens wèl nadenken over wat je daarna doet. Bijvoorbeeld: je realiseren wat je deed, in gedachten even op je hekje gaan zitten, en je rustig weer herstellen. Waarom zou je in een kramp door blijven gaan? Lach om jezelf, open je blik (dat kon je, want je hebt tandenborstel-tandpasta geoefend) en kijk met die open blik weer rustig de zaal in.
Niks aan de hand toch? Het publiek zag je even schrikken, maar daarna kwam je terug en heette je ze alsnog welkom. Wie zou daar bezwaar tegen hebben?

Verlegenheid? Of... Trouwens: wat is verlegenheid?

Verlegenheid kan een heel goede eigenschap zijn. Sommige mensen hebben een heel intelligente gevoeligheid, en observeren eerst genuanceerd een situatie voor ze tot actie komen. Maar wanneer ze tot actie overgaan, kunnen ze heel helder en duidelijk zijn, omdat ze echt inzicht hebben opgebouwd en hun vak beheersen. Ook als ze niet gewend zijn om zich in gezelschap sterk te manifesteren.

Faalangst en andere spanningsbronnen

Wanneer verlegenheid een versluierend woord voor faalangst is ligt het anders. Daar zijn literatuur en trainingen voor, die buiten het bestek van dit boek vallen.

Daarnaast kun je ruwweg twee bronnen van stressreacties aanwijzen: trauma's en losse gedachten die in je opkomen. Beide brengen je brein in een staat van zelfverdediging, met bijvoorbeeld vecht-, vlucht- en bevriesreacties.

Trauma's kan ik voor niemand oplossen, maar over die gedachten is wel wat te zeggen.
In dit boek geef ik je een aantal malen het advies om je aandacht op iets anders te richten. In de basisoefeningen vraag ik je je handen of voeten te voelen. Op andere momenten je op je taak te richten (muziek maken), of op de inhoud van wat je vertolkt (een lied of aankondiging). Zodat je het rondcirkelen in onproductieve gedachten kunt onderbreken.

En toevallig is er een prachtig ander middel waar je je brein mee gerust kunt stellen: muziek!

Nogmaals: aarden

Aarden is ook een middel om spanningen te bestrijden.

Lachend aarden

Wist je overigens dat lachen één van de beste manieren is om je spanning los te laten en te aarden!
Hou dat vooral niet tegen — want dan bouw je alleen maar spanning op spanning.

Lopend aarden

Wanneer je *loopt* heb je met het hekje misschien een probleem. Eerst stil gaan staan en demonstratief op je onzichtbare hekje zitten is dan misschien toch niet zo handig...

Er is in plaats van het hekje nog een korte weg om *lopend* te aarden: je aandacht op je voeten richten.

Terwijl je loopt volg je hoe je voeten de grond raken, zich afwikkelen — blijf dat intens voelen! — en gebruik je het lopen om bij elke stap steviger de grond te voelen. Ook kun je bij elke stap als het ware meer in jezelf neerdalen, alsof je een beetje in jezelf gaat zitten onder het lopen.

Zittend aarden

Ook dat kan.

Allereerst is de hoogte van je stoel belangrijk. Zorg dat je je voeten prettig plat op de grond kunt zetten. Je onderbenen moeten precies verticaal kunnen staan, òf je voeten moeten een fractie verder van je af naar voren schuiven. Je bovenbenen moeten precies horizontaal zijn, dus je knieën mogen niet het hoogste punt zijn, of te ver omlaag zakken.

Vervolgens kun je je zitbeentjes voelen, de twee botjes waar je op zit. Beweeg zachtjes op je zitbeentjes heen en weer, voel het contact met de stoel onder je. En sta jezelf toe om, net als op het hekje, op een uitademing echt in die stoel te gaan zitten.

Eventueel kun je ze beurtelings even optillen en de afstand tussen de zitbeentjes als het ware wat verruimen, zodat je op een breder vlak komt te zitten.

De wijde open blik?
Nee: twee wijde open blikken!

Vóór je opkomt bereid je je eerst voor met de drie basisoefeningen — eventueel langs de korte weg van het hekje en de wijde open blik.

Stel je nu het enorme verschil voor tussen de verlegen of de gefocuste opkomst (zie hoofdstuk 2) en een opkomst met je wijde open blik.

Met de gefocuste blik zie je maar een héél klein stukje scherp. Wanneer je dan contact met de zaal maakt kost dat moeite. Je moet veel rond kijken om iedereen als het ware aan te kunnen zien. Sommige mensen zie je dat ook schichtig schokkerig doen, anderen kijken als een vuurtoren de zaal afscannend rond.

Maar met je wijde open blik kun je in twee rustige blikken de hele zaal omvatten! Stel je dat maar eens voor: eerst de linker helft plus het midden, en dan de

rechterhelft plus het midden. Dat is een totaal andere handeling!

De plek waar je vandaan komt

Soms kom je vanuit de zaal, of veel musici kiezen de
voorste coulissen om uit te komen wanneer ze opkomen. In dat geval loop je meestal langs de voorste
rand van het podium.
Het gevolg is, dat het publiek jou van opzij ziet, en jij
wat moeilijker contact kunt maken met de zaal.

Wanneer je dat mogelijk is, zou ik uit de achterste
coulissen opkomen. Zodat je jezelf open aan het publiek presenteert, vanaf het eerste moment.

Het kan ook een keus zijn:

* òf je hebt vanaf het eerste moment een open en
  direct contact met het publiek,
* òf je gaat met een zakelijke, snelle actieve loop
  naar je plek, daar draai je je pas naar het publiek toe en open je je blik om contact te maken.

Hoe loop je eigenlijk?

Ik zal nooit die slagwerker vergeten, die nonchalant
het podium op kwam slenteren. Zo tergend langzaam, dat de aandacht van het publiek allang weg
was. Behalve van wat tieners, die hem er om moes-
ten uitlachen.

Op komen lopen — hoe doe je dat?

Lopen is regietechnisch gezien ongelooflijk interessant. Lopen bepaalt namelijk sterk je uitstraling. Je
geeft het publiek heel veel informatie over de per-
soonlijkheid en de stemming van een rol.
Als musicus, of een koor dat opkomt, geef je dus ook
dat soort informatie.

In *hoofdstuk 2. De wijde open blik* vertelde ik bij de
oefening van het hekje, dat je heel veel extra spier-
spanning gebruikt om omvallen te voorkomen. En
dat de oefening je eigenlijk opmerkzaam maakt op de
mogelijkheid om veel van die spanning los te laten.

Lopen is een vervolg daarop. Je zou lopen kunnen zien als een manier om een beetje om te vallen en met die spanning te spelen. Waarbij je jezelf op tijd weer opvangt door het verplaatsen van een voet.

Ken je de volgende uitersten?

Hoofd eerst

Probeer het maar eens uit: je staat rechtop, vanuit de drie basisoefeningen in een neutrale stand. Breng je gewicht naar voren door iets voorover te leunen, en steek ook je hoofd vooruit. Vóór je dreigt om te vallen stap je naar voren. Loop zo een stukje door, terwijl je je lichaam in die voorover leunende stand houdt.

Deze manier van lopen geeft een gevoel van heel veel vaart. Een soort van super-verpleegstersloop! Wanneer je niet op tijd de volgende stap zet val je echt om.

Voeten eerst

Of probeer deze vorm: vanuit de neutrale stand steek je eerst een voet naar voren. Om hem nu neer te kunnen zetten moet je iets door je knieën buigen, alsof je gaat zitten. Zo, als het ware iets zittend, loop je een stukje door, bij ieder stap steeds je voeten eerst vooruit stekend.

Dat is meer het soort "coole" loop van de slagwerker waar ik hierboven mee opende.

In het theater gebruik je dergelijk uitersten in kluchten en pantomimes. *Maar wat is dan de ideale manier van lopen om het toneel op te komen?*

Vanuit het midden

Het volgende bouw je vanuit de neutrale stand op:

* Richt je aandacht op het "midden" van je lichaam, ongeveer het gebied rond je navel.
* Start de loop nu vanuit het naar voren brengen van dit gebied.
* Maar let op: bij de vorige twee manieren van lopen bleef de rest van je lichaam als het ware wat achter. Dat moet nu niet: je neemt je lichaam als één geheel mee. Ruim, open, met een wijde open blik, vanuit de drie basisoefeningen.
* Eventueel kun je je gewicht een klein beetje naar voren brengen, een héél klein beetje voorover leunend als in de "hoofd eerst"-loop.

Resultaat

Je krijgt nu een actieve, lichte en snelle loop. Daar kom je snel en doelgericht het toneel mee op (en je kunt er even doelgericht aan het eind van je optreden ook weer mee af lopen)!

Soepel lopen

Sommige mensen hebben problemen met het neer-zetten van hun voeten wanneer ze dit voor het eerst doen. Ze krijgen er een schokkerig soort loop van.
Dat zit meestal in het krampachtige recht houden van je benen. Je voeten afwikkelen en lopen met soe-pele knieën is de oplossing.

Zingend opkomen

Op dat laatste ga ik graag nog wat dieper in.

Schokkerig lopen beïnvloedt de ademstroom, en daarmee het vermogen om een toon aaneengesloten door te kunnen zingen. Wanneer een koor zingend opkomt is er nog iets dat ik aan deze manier van lo-pen wil toevoegen: het afwikkelen van je voeten.

Bewust je voeten afwikkelen en tegelijkertijd met soepele knieën de op-en-neer gaande beweging neu-traliseren maakt, dat je een soort glijdende loop door de ruimte krijgt. Alsof je een blad met tot de rand gevulde bekers limonade zonder morsen met je mee-draagt.
Wanneer ik dit met een koor oefen, vraag ik ze hun hand te houden alsof ze zo'n dienblad meedragen. Die hand moet dan door de ruimte heen glijden, zon-der te schokken.

Sommige mensen gaan zich dan tegenhouden, bijna slow-motion voorzichtig lopen, met hun bovenli-chaam in een kramp. Maar wanneer je je voorstelt dat je voeten eigenlijk wieletjes zijn, die je soepel en snel van je hak naar je teen afwikkelt, krijg je enorm veel vaart! En kun je je in die vaart ontspannen, en weer de open en *geaarde* houding van de basisoefe-ningen terugkrijgen.

Overigens: mensen met hoge hakken doen het afwikkelen misschien liever van hun teen naar hun hak. Dat kan ook, al doe ik het liever van de hak naar de teen.

Samen, als één eenheid opkomen

Je krijgt een vervelende situatie, wanneer het wel-komstapplaus eigenlijk al voorbij is, en er nog steeds mensen het podium op komen druppelen die in een afwachtende stilte hun plaats moeten vinden. Iets grotere ensembles en koren hebben hier heldere af-spraken voor nodig.

Als groep opkomen wordt vaak extra moeilijk door een nauwe doorgang of een smal trappetje!
Ik vergelijk deze situatie graag met een file auto's, die voor een stoplicht staat.
De voorste auto begint te rijden. Vervolgens ontstaat er een gat, en gaat de tweede auto rijden. Daarachter ontstaat weer een gat, vervolgens start de derde au-to. Het resultaat is een rij met steeds grotere afstan-den tussen de auto's. Ondertussen komen er maar weinig auto's door het stoplicht.
Er ontstaat een andere situatie, wanneer de tweede auto zo gelijktijdig mogelijk met de eerste start. Sa-men trekken ze als één eenheid op. Opeens kunnen er veel meer auto's door het stoplicht! Voorwaarde is natuurlijk wel, dat niemand zo plotseling remt, dat zijn achterligger bovenop hem knalt.

Mijn ervaring is inmiddels (ja, met de stopwatch ge-controleerd!) dat bij het opkomen allemaal tegelijk beginnen met lopen, en allemaal in hetzelfde tempo doorlopen, de tijd die het kost om met een heel koor op te komen vrijwel *halveert!*

Dat kun je dus oefenen:
* Bepaal vanuit de opstelling op het podium wat een handige volgorde is om klaar te staan achter het podium (of waarvandaan je ook opkomt).
* Dat kan per situatie verschillen. Hou dus reke-ning met verschillende oplossingen. Met name degene die als eerste opkomt kan in een andere situatie juist de laatste moeten zijn!
* Oefen eventueel in een kring het doorlopen — doorlopen — doorlopen op een korte onderlinge afstand, zonder angst om op de hielen van je voorganger te trappen (of zelf op je hielen ge-trapt te worden).
* Sta klaar in de juiste basishouding (de 3 basisoe-feningen, wijde open blik) en start het lopen "vanuit het midden".

- Maak een heldere afspraak: wie geeft het start-sein?
- Ook als je op elkaar gepropt stond te wachten, en dus onmogelijk allemaal tegelijk kan gaan lopen, laat je geen gat vallen tussen jou en je voorganger.
- Vul het podium van achteren naar voren.
Wanneer eerst de voorste mensen opkomen staan die vooraan te wachten, terwijl achter hen nog van alles schijnt te moeten gebeuren, waar iederéén op wachten moet. Dat maakt het publiek ongeduldig, ze kunnen niet door die voorste mensen heenkijken om het proces duidelijk te volgen.
Wanneer eerst de achterste mensen opkomen staan die al klaar, terwijl voor het publiek zichtbaar (en dus begrijpelijk en misschien zelfs wel interessant) de ruimte vooraan gevuld wordt. Wanneer die achterste mensen lang moeten wachten kunnen ze dat proces ook met aandacht en interesse volgen (en innerlijk meebewegen). En zal het publiek die aandacht en interesse met ze delen.

In *hoofdstuk 13. Losse eindjes* kom ik terug op het oefenen en het maken van kooropstellingen

Trappetjes

Traplopen is een beroemd struikelblok voor alle podiumkunstenaars. Je hebt de neiging om naar de traptreden onder je te gaan kijken — en onmiddellijk je wijde open blik en het contact met het publiek te verliezen.

Helaas is er niet altijd gelegenheid om je opkomst vooraf te oefenen. In dat geval is de oplossing:

- zo kort mogelijk kijken, zo snel mogelijk weer terugschakelen naar je horizontale wijde open blik,
- je looptempo *niet* veranderen, met name wanneer je in een groep loopt, zodat het trappetje niet als onderbreking voelt.

En verder?

Eenmaal op het podium kun je je optreden beginnen. De volgende twee hoofdstukken gaan over het applaus.

Het hoofdstuk daarna gaat over af gaan.

6. Applaus beheren

Het applaus is vaak een moment van ongemak. Het is voor veel musici iets wat ze maar overkomt, waar ze niet echt greep op hebben. Sommige mensen ontkennen het applaus volkomen: ze gaan in hun bladmuziek bladeren, verlegen de andere kant uit kijken, met collega's kletsen. En anderen zijn zo boos of ontevreden over hun fouten, dat ze het applaus zelfs ronduit lijken af te wijzen.

In al die gevallen is de boodschap naar het publiek eigenlijk hetzelfde: jullie zijn gek dat jullie applaudisseren, als ik jullie was zou ik het niet doen! En dat is een rare boodschap.

Ik noem dit hoofdstuk daarom "Applaus *beheren*". En niet "applaus ondergaan" of "het slachtoffer worden van applaus."

Onderwerpen in dit hoofdstuk zijn: het welkomstapplaus, applaus tussendoor, ongewenst applaus en het slotapplaus. Daarbij besteed ik speciale aandacht aan het als in een tekenfilm incasseren van applaus, de waarde van applaus en het zinvol invulling geven aan buigen.

Het slotapplaus en het verlaten van het podium zijn de laatste indrukken die je bij je publiek achterlaat. Je bent het hele optreden een goede gastheer of gastvrouw geweest, je hebt al die tijd je uiterste best gedaan om je gasten te onthalen op het mooiste wat je in huis hebt — en dat zou je met een onhandige rare laatste indruk afsluiten?

Het is de moeite waard je dat niet te laten overkomen.

Welkomstapplaus in ontvangst nemen

Met studenten aan het conservatorium start ik een lessenserie vaak met de volgende verkennende oefening. Wat dan zichtbaar wordt maakt de doelen voor de lessen daarna meestal glashelder duidelijk.

De opdracht lijkt eenvoudig:

- Terwijl het publiek (de rest van de groep) applaudisseert kom je het podium op.
- Je neemt het applaus in ontvangst, bijvoorbeeld met een buiging.
- Daarna kondig je aan: "Dames en heren, graag een hartelijk applaus voor ..." en dan noem je de naam van de volgende student.
- Die komt op en neemt de oefening over.
- Dit herhalen we tot iedereen een beurt heeft gehad.

Je ziet veel van de onhandigheden, die ik in de hoofdstukken hiervoor heb genoemd, zoals:

- onhandige manieren van opkomen,
- ontkennen van het publiek, wegkijken,
- ook tijdens de aankondiging geen contact maken,
- niet in jezelf gevestigd zijn.

Over dit soort zaken hebben we het inmiddels uitgebreid gehad.

Maar er worden ook ander dingen zichtbaar:

- verlegen worden onder de lengte van het applaus,
- opkomen, buigen en aankondigen gaan bij veel mensen in één stroom door, zonder dat ieder onderdeel duidelijk afgemaakt is vóór de volgende handeling begint,
- het gaat allemaal veel te snel en onduidelijk.

Als in een tekenfilm

Communiceren met publiek vraagt om een soort rust, en het stap voor stap doseren van je handelingen. Ik vergelijk dat graag met een tekenfilm.

De volgende scène heb je vast al vele malen gezien:

- Donald Duck rent een berg af.
- Plotseling is er een afgrond.

- Donald Duck rent nog even door, door de lucht.
- Dan stoppen zijn benen met rennen en kijkt hij naar beneden (soms remt-ie zelfs, met het geluid van autoremmen).
- Dan schrikt hij: "Ie-ie-ie-iek!"
- En dan pas valt-ie.

Indrukken incasseren Sleutel tot dit soort scènes is, dat je heel veel tijd neemt voor het incasseren van een indruk, vóórdat je er op reageert met de volgende handeling:

- eerst moet Donald merken dat er iets aan de hand is, bijvoorbeeld omdat hij geen grond meer onder zijn voeten heeft — dan pas stopt hij met lopen;
- eerst moet hij zien wat er aan de hand is — dan pas schrikt hij;
- eerst moet hij schrikken — dan pas valt hij.

In de oefening met het welkomstapplaus werkt dat net zo:

- je komt op, zoals ik dat in het vorige hoofdstuk beschreef;
- je komt aan op de plek waar je het applaus in ontvangst neemt (op je hekje gaan zitten);
- je incasseert het applaus (wijde open blik, bloei open, neem het volledige publiek waar: links, rechts, beneden, boven, enz.);
- reageer dan pas op het applaus, bijvoorbeeld met een buiging of hoofdknik,
- wacht rustig tot het applaus voorbij is, reageer eventueel nog eens;
- of maak in een gebaar aanstalten om te beginnen met je aankondiging;
- wacht met het werkelijk doen van je aankondiging tot het stil genoeg is om echt verstaanbaar te zijn;
- doe je aankondiging;
- zie de volgende student aankomen;
- maak dan pas ruimte voor die volgende student.

Nu ben je in je communicatie open, zorgvuldig en helder. Je hebt je publiek werkelijk welkom geheten — en daarmee heb je het welkomstapplaus zelf in beheer genomen. Niet alleen heette het publiek jou welkom, jij deed dat even helder met je publiek!
Het is de moeite waard dit te oefenen.

Geef met name aandacht aan het moment van aankomen op je plek, vóór je het applaus incasseert.

In *Hoofdstuk 13. Losse eindjes* kom ik terug op deze oefening, in de Oefening met het eekhoorntje.

Bij koren Koren kunnen afspreken wie het welkomstapplaus in ontvangst neemt. Meestal doet de dirigent dat.
Ook als er geen aankondiging gedaan wordt blijft het principe van de tekenfilm gelden:

- als dirigent kies je een plek om het applaus te incasseren,
- je incasseert het vervolgens ook echt (wijde open blik), zelfs al is het maar héél kort omdat je direct met het concert wil starten,
- je maakt eventueel een gebaar naar pianist/combo of koor om hen te laten delen in het applaus,
- en draait je vervolgens om en gaat klaar staan om te dirigeren.

Rustig, en toch snel? Ik schreef hierboven, dat communiceren met publiek om een soort *rust* vraagt, en het stap voor stap doseren van je handelingen.

Rust is een misleidende term. Misschien is *helderheid* een betere term? Want je kunt al die stappen best snel achter elkaar door laten gaan. Wel moet je dan:

- elke stap duidelijk scheiden van de vorige en de volgende, èn
- elke stap, hoe kort ook in de tijd, *volledig* tot zijn recht laten komen.

Elke aparte handeling heeft dus een duidelijk begin, verloop en eind. Voor het publiek creëer je zo rust, helderheid èn vaart in het programma.

Bij combo's Wanneer een combo als één geheel opkomt, kan het verstandig zijn degene die het laatst opkomt het welkomstapplaus te laten incasseren. Eventueel kan die de leiding hebben over het doen van één gezamenlijke buiging.
Bij het bedanken voor het slotapplaus schrijf ik meer over gezamenlijk buigen.

Applaus na elk nummer

Maak over het reageren op applaus na een nummer heldere afspraken. Wanneer iemand aankondigingen doet kan die het applaus in ontvangst nemen. Bij een koor ligt het voor de hand deze taak aan de dirigent over te laten. En ook hier geldt: doe het eventueel snel, maar wel volledig — niet in een halve beweging tussendoor.

De andere leden van een combo of koor moeten wel weten wat zij ondertussen doen. Bij sommige koren zie ik bijvoorbeeld de koorleden totaal niet reageren op het applaus. Integendeel, eigenlijk nog vóór het eerste klappen beginnen ze al met elkaar te kletsen of in hun map te bladeren!
Door zo totaal *niet* te reageren op het applaus ontken je het. Je geeft het publiek de boodschap dat ze het net zo goed konden laten.

Na de laatste toon Het is verstandig om na de laatste toon van een nummer de sfeer in elk geval nog even voort te laten duren. Dus nog niet aan iets anders te beginnen, en de slotspanning nog even vast te houden.
Wanneer er dan applaus komt neemt het hele ensemble nog even de tijd om het applaus te incasseren:

- open je naar het publiek toe, met de wijde open blik (tandenborstel-tandpasta: bloei open, bloei open!),
- ga ondertussen rustig op je hekje zitten,
- en corrigeer je gewicht door iets naar voren te gaan, zodat je gewicht op je hele voet rust
- en klaar ben je voor het volgende nummer!

En nu pas is het ogenblik aangebroken om eventueel iets anders te gaan doen, zoals de bladzijde omslaan voor het volgende nummer.

Op het moment dat iemand dat applaus in ontvangst neemt kunnen de andere ensembleleden makkelijker de spanning loslaten, en zich gaan voorbereiden op het volgende nummer.
Of: de dirigent of leider van het ensemble laat de spanning los, het hele ensemble doet dat als één man mee — samen geef je het signaal dat je het applaus hebt geïncasseerd en dat je nu weer verder gaat.

Incasseren

Ik heb nu een aantal malen het woord *incasseren* gebruikt. Het is een vakterm van acteurs.
Incasseren is het in je opnemen van iets dat je merkt.

In het dagelijkse leven doe je dat automatisch, in een oogwenk.
Maar op het podium is het een proces dat tijd en bewustzijn kost.

Ik heb als regisseur vaak het licht "geschoven" bij mijn eigen theatervoorstellingen. Van de ene scène naar de andere bepaal je met jouw lichtovergangen dan het verloop, en daarmee zeg maar de ademhaling van de voorstelling.
Een bijzondere lichtovergang is de donkerslag aan het eind van de voorstelling. Direct na het laatste woord doe je in één klap al het licht uit.

Het wonderlijke is, dat wanneer je dat letterlijk direct na het laatste woord doet, het publiek dat laatste woord niet verstaat! Ze hebben door die donkerslag niet de tijd gehad dat laatste woord te incasseren. Terwijl ik achter de lichtcomputer zeker weet dat de speler het zei vóór ik het licht uit deed.

Je moet dus ruimte geven voor het proces:

- de speler zegt het laatste woord,
- dat woord moet aankomen bij het publiek,
- het publiek moet het incasseren,
- en dan pas kan het licht uit!

En vandaar ook dat ik het had over spelen als in tekenfilms:

- de laatste toon van een nummer klinkt,
- die laatste toon komt aan bij het publiek,
- het publiek incasseert die laatste toon,
- daarna start het applaus,
- dat applaus komt aan bij de musici,
- die incasseren het applaus (open bloeien, hekje),
- en dan pas kunnen ze iets anders gaan doen.

Over incasseren vertel ik meer in *hoofdstuk 9. Een uitstapje: acteren?*

Ongewenst applaus

Een afspraak bij klassieke muziek is bijvoorbeeld, dat je tussen de delen van één nummer niet klapt. Zodat je de concentratie van musici niet verstoort. Want die zijn een topprestatie aan het leveren.

Maar ja, tegenwoordig zitten er steeds vaker mensen in de zaal die zo'n afspraak niet kennen. En na een schitterend *allegro vivace* spontaan in applaus losbarsten, in plaats van netjes te wachten tot het *andante cantabile* begint...

Hoe reageer je dan als dirigent, solist of ensemble? Reageer je verstoord, verontwaardigd, krijg je de slappe lach, bevries je?

Ik zou zeggen: wees blij met die spontane reactie. Hij komt van een nieuwe publieksgroep, die de klassieke regels inderdaad niet kent. Maar wel de stap heeft gezet om naar jouw concert te komen luisteren.

Wanneer je dat kunt opbrengen: blijf dan een goede gastheer of gastvrouw. En schenk deze nieuwe gasten je begrip, ontneem ze niet het gevoel welkom te zijn.
Ontvang ook dit ongewenste applaus — ontkennen heeft geen zin, het is er gewoon! — en neem vervolgens alle tijd die je nodig hebt om de overgang te maken naar je volgende deel.

Ik wil niemand het recht ontnemen op een even spontane verontwáárdigde reactie. Maar pak jezelf bij elkaar, keer terug naar je taak: de mooiste muziek maken voor wie luisteren wil. Want daar ontbrak het niet aan!

De waarde van applaus en bedanken

Wat betekent applaus trouwens voor jou?
Ik hoor op die vraag vaak deze antwoorden:

- het is een gewoonte,
- je toehoorders delen hun enthousiasme met jou,

- ze hebben al die tijd stil gezeten en mogen nu (eindelijk) even actief worden, het is een soort ontlading voor ze,
- ze geven uiting aan hun waardering, dat hoor je aan de lengte en de kracht van het applaus.

Vooral dat laatste: de *waardering,* weegt voor veel mensen zwaar. Want pas op: waardering veroorzaakt bij hen gevoelens als afhankelijkheid, verlegenheid of zelfs ontkenning en afwijzing van het applaus.

Wanneer ik applaus krijg, probeer ik het element van de waardering daarom voor mezelf zo veel mogelijk uit te schakelen.

Ik heb daar een verhaaltje voor verzonnen.
Heel lang geleden, in een land misschien niet eens zover hier vandaan, was er een muzikant. Die maakte muziek. En toen hij klaar was deden de mensen iets merkwaardigs: ze sloegen hun handen tegen elkaar! Telkens opnieuw, een hele tijd achter elkaar.
Niemand weet waarom die mensen dat deden.
Maar vanaf die dag deed iedereen het. Zodra een muzikant klaar was met zijn concert, begonnen ze dat merkwaardige te doen met hun handen: ze tegen elkaar te slaan, het gaf ook geluid...
En tot de dag van vandaag doen mensen dat nog steeds.

Ritueel

Applaus beschouw ik in de eerste plaats als een afspraak, een gewoonte, zeg maar: een *ritueel:*

- het is mijn taak om muziek te maken,
- het is de taak van het publiek om te applaudisseren,
- en vervolgens is het mijn taak om voor dat applaus te bedanken.

Het bedanken

Dat is een heel ouderwets woord als het over applaus gaat. In de toneelwereld wordt het nog altijd gebruikt. Daar spreken ze niet van *applaus ontvangen,* maar de regisseur zegt op de generale repetitie bijvoorbeeld: "We moeten *het bedanken* nog oefenen."

Dat doe ik dus letterlijk: wanneer het publiek applaudisseert bedank ik ze. Ik reageer bijvoorbeeld met een buiging, en met die buiging bedank ik ze.

Ook daar heb ik een verhaaltje bij.
Ooit wel eens nagedacht over de alchemisten in de Middeleeuwen? Die zeiden bij hun proeven toverspreuken. Waarom?

Veel mensen denken dan aan bezweringen.
Maar aan die toverspreuken zaten ook twee heel praktische kanten: de spreuk voorzag je handeling van een inhoudsvol commentaar (meestal in symbolische taal) èn het was een soort kookwekkertje.
In die tijd kon je niet zeggen: twee minuten roeren.
Maar je kon wel zeggen: vier coupletten roeren.

Een toverspreuk is *zinvol gevulde tijd*. En die hebben we nodig onder het applaus.

Zinvol gevulde tijd

Vaak geven mensen tijdens het slotapplaus maar een soort kort knipbuiginkje. Dat is voorbij voor je er erg in hebt.
Ondertussen klapt het publiek door. En jij staat daar maar.
Dus maak je gauw maar weer zo'n buiginkje.
Maar nog is het applaus niet afgelopen! Dat is om radeloos van te worden. Want eigenlijk zijn je buigingen al op!

Veel groepen spreken iets af in de trant van: je moet tot vier tellen voor je weer omhoog komt. Dan krijgt een buiging in elk geval wat meer lengte.

Toverspreuk

Ik doe dat nooit, maar gebruik daar mijn toverspreuk voor. Die is bijvoorbeeld:

- "Dankjewel publiek, dat jullie de hele avond naar mij geluisterd hebben!"
- En dan pas kom ik weer rechtop staan.

Ik denk niet dat er veel mensen in de zaal zijn, die zo helderziend zijn dat ze mij dat kunnen horen denken. Maar er is wel een verschil tussen een "lege" buiging, en een inhoudsvolle. En dat ervaart je publiek wel degelijk.

Ieder moment dat je voor applaus bedankt, kun je dat bedanken op een passende manier vullen.
Wat is jouw toverspreuk?
Oefen daar eens mee, liefst samen met iemand die even voor je applaudisseert:

- Sta voor een denkbeeldig publiek.
- Het applaus begint.
- Incasseer het applaus. Denk aan een tekenfilm: het kost even tijd voor het applaus bij jou is aan-

gekomen, je begint niet meteen op de eerste klap al te buigen.
- Zie het publiek ook, met je wijde open blik.
- Adem in, als duidelijke voorbereiding van je bui- ging.
- Buig, terwijl je je toverspreuk innerlijk zegt.
- Kom daarna pas weer rechtop staan (denk erom: niet je hoofd eerst omhoog, je hoofd komt als laatste weer op zijn plek te staan).
- En zie je publiek weer met je wijde open blik. Blijf de gastheer of gastvrouw die ook het ap- plaus beheert.

Voorraad Zorg voor een voorraadje reacties op applaus: voor het welkomstapplaus, voor tussendoor na een num- mer, voor het slotapplaus. Een buiging, een knikje, een handgebaar, hardop "dank u wel" zeggen, er zijn (afhankelijk van je muziekstijl) altijd meer mogelijk- heden.

Het slotapplaus bij een ensemble of koor

Ik ontmoet vaak weerstand bij koren en ensembles ("moet dat ook niet een beetje spontaan gaan?"), wanneer ik het heb over het slotapplaus. Juist omdat mensen zich er wat onhandig mee voelen? Of omdat eerdere pogingen om daar iets over af te spreken strandden?
Soms voelt ook de dirigent er zich niet zeker in.

Tegelijkertijd leeft wel bijna altijd het bewustzijn, dat er eigenlijk iets duidelijk afgesproken zou moet worden.

Bij koren Ik doe dan een voorstel voor drie rondes met buigin- gen:

- voor de dirigent,
- voor pianist/combo en dirigent,
- voor koor, pianist/combo en dirigent.

Bij de meeste koren neemt de dirigent dan de leiding over het bedanken. Sommige koren wijzen er een koorlid voor aan.

Samen tegelijk buigen "Dat gaat nooit goed!" roepen mensen vaak. "Dat wordt altijd een rommeltje."

Tegelijk beginnen met een buiging is nog tot daar aan toe, maar allemaal tegelijk weer omhoogkomen? Dat moet wel haast onmogelijk zijn.

Gelukkig is mijn ervaring anders.
De middelen daarvoor heb je namelijk allang in handen.

Wanneer je met een groep één duidelijke *toverspreuk* afspreekt loopt het buigen al een stuk gelijker.
En wanneer je het buigen doet vanuit de *wijde open blik* doe je het niet alleen vanuit werkelijk contact met het publiek, maar zie je in je ooghoeken alle mensen naast je (weet je nog dat je in de oefening alle handen van de mensen om je heen zag zakken?). En kun je er voor zorgen dat je allemaal tegelijk meegaat met de eerste die je in je ooghoeken omhoog ziet komen.
De eerste keer is dat iemand, die veel te snel is. Bijvoorbeeld omdat hij de toverspreuk niet op spreeksnelheid denkt, maar snel als een gedachte.
Maar wanneer je het twee of drie keer oefent gaat het perfect!

Buigen starten   Wanneer een dirigent de leiding over het bedanken heeft, kan die met gebaren aangeven wie er wanneer buigen.

Wanneer dat iemand uit het koor of ensemble is, kan die de inzet van de buiging laten zien vanuit de inademing:

• maak vanuit de wijde blik niet alleen contact met het publiek, maar ook met zoveel mogelijk mensen van het koor of ensemble,
• adem voor iedereen helder zichtbaar in (strek je iets op), zodat je iedereen als het ware uitnodigt om mee te doen met die inademing,
• en start dan de buiging.

Hoe diep buig je?   "Moeten we niet allemaal even diep buigen?" vragen mensen vaak.

Eigenlijk vind ik dat niet belangrijk.
Wat ik wel belangrijk vind, is dat iedereen het met dezelfde intentie doet. En die krijg je wanneer iedereen het tegelijkertijd doet en met dezelfde toverspreuk.

Voor het publiek springen verschillen in de diepte van buigingen dan niet meer in het oog.

En nog zo'n vraag: wat doe je met je handen terwijl je buigt? Dat speelt niet alleen bij buigen een rol. Daarom geef ik daar een antwoord op in *hoofdstuk 13. Losse eindjes.*

En verder?

Er is één groep musici, die de grootste moeite heeft met applaus ontvangen: de echte luisteraars.
Daar besteed ik eerst een eigen hoofdstuk aan.
Daarna komt het vervolg op het slotapplaus: het podium weer af gaan.

7. De echte luisteraar

Tussen diep innerlijk luisteren en open visueel contact maken ligt een wereld van verschil. Dit hoofdstuk gaat over het overbruggen van de afstand tussen die twee.

In het eerste hoofdstuk schreef ik over voorkeurszintuigen van mensen. Onder de noemer "Kijkers, luisteraars en voelers."

Musici die echte luisteraars zijn, hebben in het contact met het publiek een speciaal probleem. Ik zie dat zo vaak op het podium, en vind het ook zo wezenlijk om het bewust te maken, dat ik er op het conservatorium speciaal een hele les aan besteed. En in dit boek dus een hoofdstuk.
Eerst laat ik je het probleem van de echte luisteraar ervaren, en daarna geef ik een oefening om dat probleem op te lossen. Tenslotte ga ik in op de luisterende dirigent.

Veel musici zijn echte luisteraars. Je kunt dat zien aan de manier waarop ze opgaan in hun instrument of de muziek. En soms kun je het zelfs aan hun kledingstijl zien: omdat het kijken bij veel van hen het meest ondergeschikte zintuig is, weten ze zich niet te kleden!

Op zich is het schitterend wanneer iemand die muziek maakt zo volledig in het luisteren opgaat. Tijdens het muziek maken is het ook geen voorwaarde dat je het publiek aankijkt. Maar misschien wel: dat je het publiek duidelijk uitnodigt om mee te gaan in jouw luisterhouding, op het moment dat je begint te spelen.
Dat doe je door, op een inademing, met een heldere beweging je luisterhouding in te zetten. Het publiek, dat innerlijk met je meebeweegt, volgt jou dan.

Tot zover is er niets aan de hand. Integendeel: het zou raar zijn wanneer er onder musici niet juist méér mensen dan gemiddeld zijn, met luisteren als voor-keurszintuig.

Het probleem treedt op na de laatste toon, wanneer er applaus komt. Een aantal musici zit dan nog steeds helemaal in de muziek. Ze staan een beetje verwezen op, doen min of meer een paar stappen in de richting van het publiek, en maken onhandig wat buiginkjes zonder het publiek te zien. Nog steeds diep in zichzelf gekeerd verlaten ze het podium...
In hoofdstuk 1 beschreef ik dat al uitgebreid.

Goed, ik beschrijf het nu misschien wat erg extreem — maar is er iemand die dit niet toch wel eens zo heeft gezien in een concert? Of zelfs zelf zo heeft ge-daan?

Het probleem is, dat je vanuit het luisteren over moet schakelen naar een ander zintuig, namelijk het zien. Applaus ontvang je met de wijde open blik, zo-dat het publiek zich gezien voelt en jij vanuit een open houding het applaus daadwerkelijk ontvangt.
Die overgang is groter dan je misschien denkt! Graag nodig ik daarom iedereen uit de volgende oefeningen mee te doen. Ze zijn niet alleen interessant voor ech-te luisteraars.

Kijken en luisteren

In *hoofdstuk 1. De wijde open blik* begon ik met fo-cussen als eerste oefening. Ik beschrijf de oefening hier nog eens:

Intens kijken Focussen is een vorm van *heel intens kijken:*

- Ga ontspannen op een stoel zitten.
- Zoek recht voor je, aan de overkant van de ruim-te, een punt op de muur waar je je blik op kunt richten.
  Neem een klein, helder zichtbaar punt — er naar kijken mag op zichzelf geen moeite kosten.
- Houd je blik nu een poosje, zonder enige onder-breking, op dit punt gericht. Bekijk het zo scherp mogelijk.
- Houd dit langer vol dan nodig is om het punt scherp te zien, zodat je na enige tijd gaat merken wat er gebeurt wanneer je één punt zo lang en zo

intens observeert en naar niets anders meer kijkt.

Intens luisteren Naast focussen geef ik nu een oefening in *heel intens luisteren:*
- Laat met je blik dat ene punt los. Je stopt met dat heel intense kijken.
- Ga over op luisteren. Probeer nu net zo intens te gaan luisteren.
- Dat doe je, door je aandacht te richten op de geluiden om je heen. Probeer steeds verder en dieper te luisteren, door je aandacht te richten op het geluid dat het verst weg is. Of het geluid dat het zachtst onder de andere geluiden klinkt.
- Houd ook dit langer vol dan nodig is om alle geluiden om je heen te horen, zodat je na enige tijd gaat merken wat er gebeurt wanneer je zo lang zo intens luistert.

Afwisselend Je doet dit intense *kijken* en intense *luisteren* afwisselend een paar keer achter elkaar:

- Begin weer met het intense kijken naar één punt.
- Neem daar weer ruim de tijd voor, om echt in het heel intense kijken te komen.
- Laat na enige tijd het punt los, en ga over op het intense luisteren.
- Neem ook daar de tijd voor, om echt in het heel intense luisteren te komen.
- Doe dat een paar keer achter elkaar.
- En ga dan zonder onderbreking door met de volgende opdracht:

Tegelijkertijd? Lukt het je nu, om de twee manieren te combineren: tegelijkertijd zowel heel intens luisteren als heel intens gefocust kijken — zonder dat één van beiden minder intens wordt?

Resultaat Een heel enkele keer tref ik iemand, die vanuit zintuiglijke waarnemingen heeft leren mediteren en mij vertelt, dat-ie dit dus juist getraind heeft. En het dus kan.

Voor vrijwel alle andere mensen is de conclusie dat ze het niet echt kunnen combineren.

Sommigen hangen met hun aandacht ergens tussen het kijken en luisteren in. Maar dan zijn beiden niet meer even intens.

En sommigen wisselen kijken en luisteren steeds heel snel af. Maar dat is niet tegelijkertijd.

Toelichting De algemene conclusie is dus, dat het gaat om twee eigenlijk heel verschillende zijnswijzen, die nauwelijks te combineren zijn.

Bij heel intens kijken richt je je aandacht ver naar buiten, naar dat *punt in de verte*.

Bij heel intens luisteren is het, alsof de beweging helemaal de andere kant uitgaat. Alsof je vanuit een *punt, heel diep in jezelf,* je aandacht naar de wereld van het geluid buiten je richt.

De afstand tussen die twee punten kan voelen als een enorme weg, die je moet afleggen om van het ene punt naar het andere te gaan.

Dat is dus de weg, die je als echte luisteraar moet afleggen, wanneer je vanuit je muziek aandacht moet schenken aan het applaudisserende publiek!

Dat moet je dus oefenen.

Ook als je geen echte luisteraar bent zijn de volgende oefeningen zinvol.

Van luisteren naar zien

Ik geef twee variaties van dezelfde oefening:

* in drie stappen, en
* vanuit muziek.

In drie stappen De eerste variatie is wat technischer:

* herhaal de eerste twee stappen van de vorige oefening, dus
* begin met focussen: heel intens zien,
* houd dat even vol,
* ga daarna over op heel intens luisteren,
* houd dat even vol,
* en dan komt nu de derde stap: ga over op zien met de wijde open blik.

Oei, was die laatste stap onverwacht? Na al dat focussen opeens die vraag naar de wijde open blik?

Heb je tandenborstel-tandpasta (zie hoofdstuk 3) genoeg geoefend, dat je dat zomaar kon?

Adem als hulp Hier is een technisch foefje, om je te helpen met die
laatste overgang:

Bij heel intens luisteren stop je met kijken. Veel
mensen zitten dan met hun hoofd een beetje gebogen,
of zakken zelfs wat in elkaar.
Maak de overgang naar de wijde open blik nu op een
inademing:

- Gebruik die inademing om jezelf van onder af
  aan op te richten. Dus je wervelkolom van onderaf op te stapelen, en je hoofd als laatste daar
  recht op te zetten.
- Richt je aandacht op de twee punten naast je
  buitenste ooghoeken.
- Op je uitademing denk je die twee punten als het
  ware wat uit elkaar, bloei open.
- Tegelijkertijd ontspan je op je uitademing in deze houding — ga je "op je hekje zitten".

Je combineert zo de "korte weg" uit *hoofdstuk 3. De
drie basisoefeningen* met je adem.

Doe de oefening nog eens met deze nieuwe aanwijzingen er bij.

Vanuit muziek In de tweede variatie boots je de werkelijkheid van
een optreden meer na. Op het conservatorium doe ik
dat met een vleugel op het podium.
Je kunt de oefening met ieder willekeurig instrument
doen. Het is wel prettig wanneer er minstens één ander iemand aanwezig is, die applaudisseert, alsof er
echt publiek aanwezig is.

- Je gaat achter de vleugel (je instrument) zitten.
  Speel de laatste regels of het slotakkoord van je
  optreden. Het hoeft niet mooi of virtuoos te zijn!
  Je hoeft het geluid alleen maar te gebruiken voor
  het volgende:
- Wat je speelt gebruik je als aanleiding om over
  te gaan op intens luisteren, zoals je dat hiervoor
  geoefend hebt. Je gaat door met spelen, totdat je
  voelt dat je alleen nog maar luistert — en verder
  niets anders meer doet.
- Dan pas beëindig je het "optreden".

- Het publiek begint te applaudisseren.
- Maak de overgang naar de wijde open blik nu op een inademing:
- Gebruik die inademing om jezelf van onder af aan op te richten. Dus je wervelkolom van onderaf op te stapelen, en je hoofd als laatste daar recht op te zetten.
- Richt je aandacht op de twee punten naast je buitenste ooghoeken.
- Op je uitademing denk je die twee punten als het ware wat uit elkaar, bloei open.
- Tegelijkertijd ontspan je, op diezelfde uitademing, in deze houding — ga "op je hekje zitten".
- *Nu pas sta je op en treed je het publiek tegemoet.*
- Blijf denken aan de *tekenfilm:* eerst het publiek zien, dan het applaus incasseren, dan buigen.

Resultaat

Echte luisteraars hebben vooral moeite met het volledig overgaan naar zien (wijde open blik), vóór ze iets anders gaan doen.

Anderen hebben vaak moeite om echt volledig in het luisteren te komen, en daar ook even in te blijven, vóór ze al veel te snel weer terugkomen in het zien.

Voor bijna allemaal geldt dat het om bewustzijn vraagt om, na deze oefening voor de zintuigen, het ontvangen van het applaus werkelijk stap voor stap volledig te doen. Veel mensen hebben de neiging om dat nu weer af te raffelen.

Overigens zijn er in de praktijk meer variaties dan de volgorde die ik hiervoor beschreef. Nu liet ik je bijvoorbeeld pas opstaan nadat je je wijde open blik helemaal had opgeroepen. Maar je zou ook kunnen opstaan zodra het applaus begint, met naar binnen gerichte blik naar de plek waar je het applaus gaat ontvangen lopen, en dan pas, met behulp van je adem, je blik openen. Of je blik openen onder het lopen.

Applaus beheren

Wanneer je deze oefening met een groep doet wordt nog iets zichtbaar. Namelijk: *wanneer* en *waarom* gaat zo'n groep (jouw publiek) applaudisseren? Jij als muzikant draagt daar de volledige verantwoordelijkheid voor!

Het loslaten van het instrument — maar tegelijkertijd wel vasthouden van de spanning — spelen daar een rol in.

Het beheren van het applaus begint al op dit moment!

Een enkele keer zal het toch gebeuren, dat publiek eerder begint met applaudisseren dan jij wilde, zelfs wanneer je het eigenlijk goed aangeeft. Enthousiasme, ongeduld, of het niet aan kunnen van de spanning spelen zijn zaken die daar een rol in spelen.

Ook wanneer jou dat schokt of ontstelt stel ik voor, dat je jouw musiceren zo goed mogelijk af maakt, en daarna zo snel mogelijk weer terugkeert naar je rol als gastheer of gastvrouw. Met, jawel, wijde open blik.

De echt luisterende dirigent

Niet alleen musici zijn vaak echte luisteraars. Dirigenten hebben dat natuurlijk ook. Nogmaals: het zou raar zijn wanneer dat ook bij een aantal dirigenten niet zo was. Het is misschien even een ander onderwerp, maar in het kader van het voorkeurszintuig luisteren besteed ik er toch graag aandacht aan.

Echt luisterend dirigeren kan op twee momenten ongewenste bijeffecten hebben:

- wanneer een koor of orkest zich niet gezien voelt,
- wanneer door het intense luisteren de blik van de dirigent gefronst of gefocust wordt, en de bij de muziek passende gevoelens niet meer zichtbaar zijn.

In beide gevallen is communicatie via de blik gestopt. En verlies je als dirigent een belangrijk middel om musici te stimuleren tot inhoudsvol muziek maken.

Vooral in het laatste geval is het verleidelijk alleen nog maar via neerslaande aanwijsgebaren te dirigeren. Je kunt dan zelfs het idee krijgen, dat je verschrikkelijk aan een koor moet trekken om er nog enig gevoel uit te krijgen. Je hoort dat het niet goed gaat, en probeert dat door gebaren te veranderen. "Waarom horen ze dat zelf toch niet?" denk je dan vanuit jouw intense luisterhouding.

De musici of koorleden beseffen ondertussen dat ze iets niet goed doen. Ze worden steeds waakzamer,

proberen jou steeds preciezer te volgen — en kunnen zich steeds minder openstellen voor wat ze zelf horen. Laat staan met een wijde open blik zingen!
Dat is een heilloze kringloop.

Wanneer je als dirigent met een wijde open blik dirigeert is het veel makkelijker om een koor of orkest zich ook gevoelsmatig te laten openen voor de muziek. En kan het directiegebaar (in combinatie met een open blik en een open lichaamshouding) veel uitnodigender zijn, mede openend.

Een intens luisterende dirigent kan het contact met èn de greep op de musici verliezen. Je voornemen om regelmatig (met name aan het begin van een muzikale zin) met open blik uitnodigend te dirigeren kan helpen.

Misschien is het zelfs raadzaam om een paar keer met een regisseur te werken.
De weg van *luisteren* naar *zien* is voor een echte luisteraar ècht enorm. Ik heb bijvoorbeeld met een student gewerkt, die weliswaar zijn wenkbrauwen optrok (wijde open blik?) en de eerste tel van een stuk met een keurig uitnodigend beweging omhoog probeerde aan te geven, maar ondertussen toch niet naar zijn mensen keek (nog steeds gesloten blik...!). Dan kun je goed de feedback van iemand gebruiken, die je door het proces heen leidt.

In de hoofdstukken over acteren en inhoudsvol zingen speelt de wijde open blik een sleutelrol. In die hoofdstukken ga ik daar opnieuw verder op in.

En verder?

Meestal breid ik de oefening achter de piano uit met nog een afsluitend onderdeel. Namelijk om na de ontvangst van het applaus af te lopen. Dat sluit daar heel vanzelfsprekend op aan.
In dit boek behandel ik dat als apart onderdeel in het volgende hoofdstuk.

8. Afgaan

Vanuit het ontvangen van applaus volgt vanzelf-sprekend de laatste stap van je optreden: het podium afgaan.

Veel uit de voorgaande hoofdstukken is daar van toepassing op, zoals:

- bedanken en buigen,
- als in een tekenfilm elke handeling stap voor stap volledig neerzetten,
- applaus incasseren vanuit de wijde open blik (eventueel: eerst uit het luisteren komen),
- een heldere, actieve loop gebruiken,
- bij een koor of ensemble: iemand de leiding geven over het totale proces.

Je zou misschien denken, dat van het podium af lopen nu geen probleem meer kan zijn. Toch vragen nog een paar dingen om aandacht:

- *applaus en afgaan laten voortkomen uit je optreden*
- *respectvol weglopen,*
- *de organisatie van het lopen bij een groep,*
- *besluiten over weer terugkomen.*

Aansluiten bij je optreden

Besef, dat het ontvangen van het applaus en het afgaan nog steeds onderdelen van jouw optreden zijn, en daar dus op moeten aansluiten:

- Sluit bij het incasseren van het applaus en het starten van je eerste buiging dus aan bij de laatste toon van je muziek. Laat dat zien in je houding en gezichtsuitdrukking.
- Daarna kan je uitdrukking zich ontwikkelen. Bijvoorbeeld: van *intens melancholieke concentratie* naar *glorieus incasseren.*
- Maar begin niet zomaar met dat laatste!

Weglopen of afscheid nemen?

Wanneer je een hele avond een intense relatie met iemand hebt gehad, kun je niet zomaar wegwandelen. Afscheid nemen doe je uitgebreid, zorgvuldig en met respect.

Tegenover publiek is dat net zo — alleen realiseer je je dat niet altijd.

Want je omdraaien en verder zonder blikken of blozen van het toneel afwandelen heeft een onverwachte betekenis. Wanneer je iemand min of meer de rug toe draait zeg je eigenlijk: *"Genoeg, ik heb niets meer met je te maken, ik ga nu mijn eigen weg, zoek het verder zelf maar uit."* Dat is een rare theatrale boodschap!
In een toneelstuk kan je dat effect zo af en toe heel mooi bewust gebruiken, maar na een concert zou ik het toch liever niet doen.

Hoe loop je dan weg?

Met respect

Opnieuw speelt in de communicatie je blik een belangrijke rol.
Wanneer je je plotseling van iemand afwendt verbreek je opeens het contact.
Wanneer je tijdens het weglopen eerst nog even visueel contact houdt, en dat pas even later rustig loslaat, ervaart het publiek dat als een respectvol proces van afscheid nemen en weggaan:

- vanuit het incasseren van het applaus doe je een klein stapje achteruit;
- je draait één voet en je onderlichaam opzij, en begint van het toneel af te lopen, terwijl je met je blik het publiek nog even vasthoudt;
- dan pas maak je ook je blik van het publiek los, en kijk je in de richting waar je naar toe op weg bent;
- eventueel kijk je, als dat spontaan gebeurt, voor je weg bent nog even een kort moment naar het publiek.

Technisch verder uitgewerkt:

- wanneer je naar links het podium af gaat zet je met je rechtervoet een klein stapje achteruit;

- dan zet je met je linkervoet een stap opzij in de richting van de coulissen, terwijl je het publiek blijft zien vanuit de wijde open blik — je loopt nu half gedraaid;
- loop door in de richting van de coulissen, maak je blik los van het publiek;
- draai door in je looprichting, ook met je hoofd;
- en loop zo het podium af met een heldere, actieve loop vanuit het midden (zie *hoofdstuk 5. Opkomen*);
- eventueel kijk je, als dat spontaan gebeurt, voor je weg bent nog even een kort moment naar het publiek.

Er zijn meer mogelijkheden. Sommige mensen geven bijvoorbeeld een afscheidsknikje voor ze zich omdraaien, anderen wuiven naar het publiek. Wanneer dat binnen jouw muziek, stijl, optreden, verhouding met je publiek past los je het op zo'n manier natuurlijk ook op.

Met een groep

Een koor of ensemble vraagt bij het afgaan om dezelfde organisatie als bij het opkomen of gezamenlijk buigen.
Afgaan is onderdeel van het slotapplaus, iemand moet dat coördineren.

Afgaan doe je, net als opkomen, het meest effectief wanneer je dat als één eenheid lopend, samen doet (zie *hoofdstuk 5. Opkomen*).

De mensen die het eerst weggaan moeten, wanneer ze het podium verlaten hebben, doorlopen, doorlopen, *dóórlopen*. Om ruimte te maken voor de mensen achter hen. Wanneer de voorsten de achtersten blokkeren ontstaat er een opstopping!

Tegelijkertijd moeten ze in sommige situaties alert blijven, of ze niet plotseling moeten omdraaien om terug het podium op te lopen!

Terugkomen

Wanneer er een overdonderend lang applaus is, of wanneer je nog een toegift wil geven, moet je ook weer terug het podium op.

Dat werkt alleen maar, wanneer je daar heel duidelijk in bent. Want anders is het publiek innerlijk al afgehaakt en verras je je mensen met een onverwachte terugkomst.

Doe dat door bijvoorbeeld alweer terug te komen nèt voor je het podium af zou zijn, of ruim voordat het applaus dreigt uit te doven.
Je kunt daarbij als het ware een nieuwe impuls aan het publiek geven wanneer je extra snel en actief lopend (of zelfs rennend) terugkomt.

Bij groepen vraagt dat om een duidelijk besluit van één iemand die de leiding heeft, terwijl de hele groep daar alert en als één eenheid op moet reageren. Voor overleg of discussie is geen enkele ruimte! Vooral de eerste mensen die het podium afgingen mogen achter de coulissen niet vast al hun spanning loslaten vóór duidelijk is dat het optreden of het bedanken nu toch echt afgelopen is!

Waarvandaan? Wanneer je van te voren weet dat je terugkomt, bijvoorbeeld voor een toegift, is het verstandig de richting waarin je af loopt vooraf goed te bepalen. Zodat je, zodra je je omkeert, het contact met het publiek hebt dat je ook hebben wilt.

Wanneer je zijwaarts lopend de voorste coulissen inloopt kom je ook zijwaarts weer terug. Met een wijde open blik het applaus opnieuw incasseren, of laten zien hoe blij je was met het applaus en hoe graag je een toegift geeft — dat is dan misschien wat moeilijk. Je moet je dan naar het publiek toedraaien.
Je kunt dit ook oplossen door bijvoorbeeld:

- met een kleine boog eerst naar achteren te lopen, zodat je daarna naar voren lopend je publiek weer aanziet, of
- door schuin naar achteren af te gaan, en van daaruit weer terug te keren.

En verder?

Ik geef uit hoofdstuk 2 nog één keer de uitgangspunten:

Ik was op zoek naar een
- open, het publiek tegemoetkomende en uitnodigende houding,
- waarbij ik ook oog en oor heb voor mijn medemuzikanten en
- waarbij ik in mezelf gevestigd ben, thuis ben bij mijzelf en
- ruim en volledig beschikbaar ben voor mijn optreden en het publiek.

Dat heb ik eerst uitgewerkt in de drie basisoefeningen. Vervolgens heb ik het toegepast bij belangrijke niet-muzikale contactmomenten als het creëren van een boeiend toneelbeeld, opkomen, applaus beheren en afgaan. Tussendoor heb ik speciale aandacht besteed aan echt luisterende musici.

Centraal daarbij stond het besef, dat je optreden begint bij het moment dat je zichtbaar wordt voor je publiek, en pas klaar is als je niet meer zichtbaar bent. En dat er naast je musiceren allerlei momenten zijn, waarop je communiceert met het publiek. Publiek, dat komt om zich voor jou open te stellen — dus innerlijk met jou meebeweegt.

Dat geeft jou de verantwoordelijkheid je bewust te zijn van de indruk die je maakt — van de allereerste tot en met de allerlaatste indruk die het publiek mee naar huis neemt.

Ik ga nu verder met een schijnbaar ander onderwerp: vanuit eenvoudige acteerprincipes schrijf ik over *inhoudsvol zingen* en *aankondigingen doen*. Ik hoop je daarbij te laten zien hoe die acteerprincipes een vanzelfsprekend vervolg zijn op de drie basisoefeningen. Of anders gezegd: de drie basisoefeningen stonden al die tijd al aan de basis van die acteerprincipes.

9. Een uitstapje: acteren?

Aankondigingen doen en inhoudsvol zingen zijn twee onderwerpen, die raken aan acteren.

Valt er van acteurs dan iets te leren, zonder dat je als musicus het gevoel krijgt dat je zo nodig ook nog moet toneelspelen?

Jazeker!

Mijn ervaring is zelfs, dat koren mijn aanwijzingen naadloos in hun zang kunnen inpassen. En dat aankondigingen opeens interessant worden, in plaats van formele dorre informatie.

- *Ik begin met twee korte theoretische verhalen.*
- *Daarna geef ik een praktische oefening.*
- *Dan reserveer ik voor inhoudsvol zingen en aankondigingen doen ieder een eigen hoofdstuk.*

Het creatieve proces: een weg

Waar komt je expressie vandaan?
Want die willen we op het podium horen èn zien.

Wanneer ik die vraag stel komen er antwoorden als:

- van binnen uit,
- je gevoel,
- je gedachten,
- je roept een gevoel op,
- je verbeelding,
- je voorstellingsvermogen,
- je leeft je in.

Op zichzelf zijn dat allemaal heel juiste antwoorden. Maar ze zijn ook vaag. Want hoe doe je dat dan: een gevoel oproepen? Of je innerlijk iets verbeelden — en dat dan ook nog ook uiterlijk waarneembaar maken? Toneelspelers schijnen dat zomaar te kunnen...

De black box Het heeft iets weg van een raadselachtige zwarte doos: we zoeken naar een uiterlijk waarneembare expressie, die op de een of andere manier uit onszelf komt. En voor het publiek als echt aanvoelt. Maar we weten niet zo goed hoe dat daar van binnen dan gaat. Ik vergelijk het graag met een ingewikkeld elektrisch apparaat: je drukt op het juiste knopje, dan gebeurt er van binnen iets (in de zwarte doos), en dan doet het apparaat wat jij wilde dat het deed.

Wat er van binnen precies gebeurt, weet je misschien niet echt — hoogstens vaag, maar het werkt. Als je maar op het goede moment *op het juiste knopje drukt*.

Acteren lijkt daar een beetje op.

Je kunt een diepe frons in je voorhoofd trekken en met een harde stem zeggen "Ik ben nu boos!" Dat uiterlijke vertoon is alleen geen geloofwaardige van binnenuit komende expressie.

Maar wanneer je je voorstelt waarom je boos bent — dat beeld eerst oproept en als het ware voor je ziet — creëer je een grond waarop je van binnenuit die boosheid kunt laten ontstaan.

De beperkingen van iets op schrift zetten, zonder dat ik het voor kan doen, gelden in deze hoofdstukken weer sterk. Ik geef verderop een oefening, die het proces hopelijk voldoende concreet voor je maakt.

Ik nodig je uit om mee te gaan met deze uitleg:

- je stelt je een beeld voor van de oorzaak van je boosheid,
- dat beeld zie je ergens in de ruimte voor je,
- voor je zien betekent: je laat dat beeld toe, het komt als het ware bij jou binnen,
- daardoor verandert er iets in je, er vindt van binnen een proces plaats,
- en dat klinkt door in je stem en is zichtbaar in je houding en mimiek.

Een acteur speelt dus niet de boosheid zelf, een acteur speelt het *proces* dat tot boosheid leidt. Dat is het basisprincipe van de acteerstijl van waaruit ik werk.

En het toelaten van het beeld is het indrukken van het knopje voor acteurs.

In schema:

- er is een impuls
- die je toelaat
- zodat er een innerlijk proces plaats vindt
- dat leidt tot uiterlijk waarneembare expressie.

De belangrijkste voorwaarde daarbij is, dat je in staat bent om je te *openen* voor de impuls.

Het toelaten van de impuls is daarbij jouw belangrijkste, misschien enigszins gekunstelde actie.
Het wonderlijke is dat het innerlijke proces, en hoe dat zichtbaar wordt, in vergelijking daarmee een *spontaner* en meer vanzelfsprekend vervolg is — en daardoor aan jouw expressie de kleur van *echtheid* geeft.

Dus:

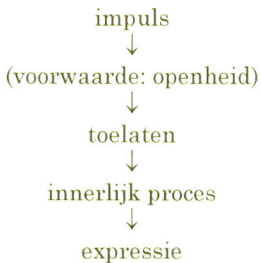

Wanneer ik het in dit boek heb over *het creatief proces* is dat de vakterm voor deze weg om tot expressie te komen.

De uitdaging   Voor mij als regisseur is bij elk koor weer de uitdaging, hoe ik mensen kan openen om niet alleen vanuit muzikaal-technische gegevens te zingen, maar ook vanuit een innerlijke betrokkenheid. Wat kan ik ze in handen geven om zich te openen voor de impulsen, die helpen vorm te geven aan die innerlijke betrokkenheid?
Daarbij mogen dirigent en zangers zich niet gehinderd voelen door allerlei moeilijke zaken, die het muziek maken dwars gaan zitten. Of zelfs het niveau van de muzikale prestatie verminderen. Anders creëer ik alleen maar weerstanden.
Ik moet dus iets aanreiken dat heel eenvoudig, effectief en haalbaar is!

Hetzelfde geldt voor musici die korte aankondigingen doen, of toelichting geven op hun programma. Daar is de uitdagende vraag hoe je van platte droge informatie (stomvervelend eigenlijk!) een levend betekenisvol verhaal maakt.

Zeggen, Zien en Zijn

Ik ontleen dit stukje aan mijn lessen voor verhalenvertellers. Ik geef die de vuistregel van de drie Zetten: *Zeggen, Zien* en *Zijn* als invalshoeken om voor te dragen of te vertellen. Bij zingen of het doen van aankondigingen spelen ze een vergelijkbare rol.

Zeggen

Zeggen is bij beginners de meest gebruikte invalshoek om te vertellen of te zingen. Ik bedoel daar mee: je legt contact met je publiek, en alles wat je zegt of zingt draag je vanuit dat vertellerscontact over. Iedere goede leraar kent die energie, dat contact.
Het bijbehorende innerlijke gebaar is:

* iedereen aankijken, voortdurend de hele ruimte met je blik bestrijken
* je boodschap als het ware bij de luisteraars *neerleggen, aan ze geven.*

Zien

Zien is veel interessanter. Op dat moment kijk je de toehoorders niet meer individueel aan (= *Zeggen*) maar kijk je naar niet bestaande beelden in je verbeeldingswereld, de wereld van het verhaal. Die inspireren jou in je voordracht en zetten het creatief proces in werking, dat leidt tot expressie.

Zien is dan het moment, dat je je opent voor de beelden die je beschrijft. Je creëert je eigen verbeeldingswereld groot in de ruimte om je heen, en zet jezelf als verteller centraal in die verbeeldingswereld.

Dat is iets, wat we in de sociale werkelijkheid vaak afgeleerd hebben: jezelf centraal stellen in je (verbeeldings-)wereld. Je hoort het een moeder bijna letterlijk zeggen: heb jij maar niet zoveel verbeelding!

Het bijbehorende innerlijke gebaar is *tegenovergesteld* aan dat bij *Zeggen*:

- je kijkt niet naar je luisteraars, maar je kijkt naar de beelden in je verbeeldingswereld,
- je laat die beelden *op je afkomen, je opent je* daarvoor in houding en beweging.

Je open houding heeft dan een dubbele werking: niet alleen open jij je als verteller voor datgene wat je wilt vertolken, maar je luisteraars voelen zich door diezelfde openheid uitgenodigd om innerlijk mee te bewegen met jouw proces. Dus: *eerst leven ze met het proces mee — en dan pas begrijpen ze de tekst*.

Een belangrijk verschil tussen *Zeggen* en *Zien* is, dat bij *Zeggen* beginnende vertellers, vanuit het contact met het publiek, het inleven vóór het vertellen vaak overslaan. Soms merk je dan, dat een verteller onder het zeggen van de tekst er een gevoel dik "op probeert te plakken", of dat het gevoel pas na het zeggen van de tekst ontstaat. En dat is eigenlijk te laat.

Bij *Zeggen* krijg je daardoor nogal eens het effect, dat mensen eerst de tekst moeten begrijpen, en zich dan pas kunnen gaan voorstellen wat voor een gevoel dat oproept.
Maar wanneer mensen vanuit jouw *Zien* eerst gevoelsmatig met je mee leven staan ze direct veel opener voor de inhoud van je tekst! Omdat ze je, innerlijk meebewegend, gevoelsmatig eigenlijk al gevolgd zijn. Vandaar mijn uitspraak: *eerst leven ze met het proces mee — en dan pas begrijpen ze de tekst*. En dat is een enorme winst!

Zijn
Zijn is weer een stap verder dan *Zien*: je speelt steeds de rol van degene die aan het woord is, of vanuit wiens perspectief je vertelt of zingt.
Je kijkt daarbij niet meer in de verbeeldingswereld van de verteller die het totaaloverzicht heeft, maar in de verbeeldingswereld van die ene rol! In *Zijn* ben je dus tegelijkertijd aan het *Zien,* waarbij je steeds van standpunt en beeld wisselt.
Die combinatie van *Zien* en *Zijn* maakt *Zijn* voor voordracht het interessantst en levendst.

Door op het podium afwisselend gebruik te maken van "de drie Zetten" *Zeggen, Zien* en *Zijn* krijg je een enorme afwisseling, die het vertellen tot een levend proces maakt dat de toehoorders uitnodigt tot een actieve meeleefrol.

Zeggen is vaak een goed begin, en de manier om direct contact te leggen met de luisteraars.
Zien is een andere manier van contact: je nodigt de luisteraars uit om actief betrokken mee te leven met jouw beleving.
Zijn is een stap verder dan *Zien*: genuanceerd meeleven vanuit verschillende perspectieven.

En nu bij musici

Hoe herken je dit nu bij musici, en hoe kies je voor één van de invalshoeken?

Allereerst zie je bij koren en musici die een aankondiging doen vaak het nadeel van *Zeggen*: het innerlijke gebaar van "het neerleggen van je boodschap bij het publiek" nodigt mensen uit tot voorover leunen en met kracht die boodschap als het ware naar het publiek toe spugen.
In *hoofdstuk 1. Het podium op* beschreef ik dat, toen ik het over een verwelkomende houding had. En in *hoofdstuk 2. De wijde open blik* toen ik het over focussen had. Daar schreef ik:

De scherpe blik lokt ook een houding uit, waarbij je als het ware buiten jezelf treedt: niet in jezelf gevestigd maar naar voren en naar buiten gericht. Je ziet het soms aan de houding van mensen, dat ze voorover leunen, alsof ze bijna omvallen, of dat ze het publiek hun boodschap willen inpeperen.

Zeggen en focussen lokken dus dit verschijnsel uit. In beide gevallen doen mensen te veel hun best om hun boodschap aan het publiek te geven.
Ik heb in hoofdstuk 2 en 3 beschreven, hoe je met de oefening van de wijde open blik (en later: de drie basisoefeningen) daar een eind aan maakt.

En daar ligt nu een mooie link: *Zien* doe je uiteraard met die wijde open blik!
Bij *Zien* laat je je inspireren door beelden, die je in je verbeelding oproept. En geef je het publiek de kans om met jouw verbeeldingswereld mee te leven.
Ik heb daar zo meteen een oefening voor, en pas het in de volgende hoofdstukken toe.

Zijn is bij koren nauwelijks van toepassing. In een verhaal kan een verteller voortdurend flitsend van rol wisselen. Bij een koor zou ik dat in het algemeen niet zo gauw doen — hoewel het zeker mogelijk is, bijvoorbeeld binnen een choreografie of regie. Daar kan het juist schitterend passen.

Wel is het zo, dat je bij ieder lied kunt vaststellen vanuit wat voor uitgangshouding je dat lied zingt. Bij een vrijblijvend vrolijk lied is je uitgangshouding anders dan bij een politieke song of een religieuze tekst. En dat kun je letterlijk in je houding laten zien!
In feite is die uitgangshouding een vorm van *Zijn*.

De oefening met het pilaartje

Hier is een oefening om het *creatieve proces* (van impuls tot expressie) te oefenen vanuit *Zien*.

Je lievelingswens 1   Ik beschrijf de oefening, alsof je hem met een groep doet in een kring. Maar in je eentje kan het ook heel goed:

- stel je voor dat er in het midden van de kring een pilaartje staat,
- bovenop het pilaartje, voor jou op ooghoogte, ligt een cadeau, voor jou,
- het is jouw lievelingswens, maar dat weet je nu nog niet,
- iedereen loopt tegelijk naar voren,
- bij de tweede stap ontdek je opeens dat het cadeau jouw lievelingswens is — jouw lievelingswens! — speciaal voor jou,
- en je zegt: "Oooh".

Resultaat   Bij vrijwel elke groep lukt dit de eerste keer behoorlijk goed. Soms is er wat schaamte en verlegenheid, maar eigenlijk het is voor niemand een echt probleem.
Als eerste acteeroefening viel dat dus alvast mee...

Het moment van de ontdekking is, technisch gezien, het moment van het toelaten *(Zien)* van de impuls "lievelingswens". Dan volgt bliksemsnel de innerlijke verwerking van die impuls, en komt de expressie tot uiting in de "Oooh".

Wat deed je op het moment van de ontdekking?

Sommige mensen antwoorden op die vraag: ik zei "Oooh".
Maar vanaf de ontdekking tot het zeggen van "Oooh" gebeurt er nog van alles.

Bijvoorbeeld: je liep niet zomaar door.

Probeer maar eens hoe raar dat voelt:

- je loopt door naar voren en
- bij de tweede stap zeg je ondertussen "Oooh".

Je voelt onmiddellijk dat dàt nergens op slaat. Omdat je het proces van ontdekken overslaat.

Op het moment van de ontdekking *moet* je even stoppen. Alsof je letterlijk getroffen wordt door die ontdekking, zodat je je loop moet onderbreken. Je *incasseert* de ontdekking dus heel letterlijk en fysiek.

Dat incasseren gaat gepaard met een *inademing* en het *openen van je blik*. Je laat niet alleen letterlijk nieuwe lucht toe, maar ook de impuls "lievelings-wens". Je blik en in feite je hele lichaamshouding openen zich, om de impuls toe te laten. Je kunt zelfs, op die inademing, een stapje achteruit doen, zodat de ontdekking nog groter lijkt te worden.
Nogmaals: je incasseert de ontdekking dus heel *letterlijk en fysiek*.

En omdat je zo duidelijk fysiek, in *beweging*, gestalte geeft aan dat moment, kan het publiek daar innerlijk bij meebewegen — dus perfect meeleven met jouw proces.

Kijk: dat is dus acteren!
Zó, dat het publiek volledig met je mee kan leven.

In *hoofdstuk 6. Applaus beheren* heb ik het woord *incasseren* al vele malen gebruikt. Over het publiek dat de laatste noot incasseerde (= impuls die leidt tot de expressie van klappen) en de musicus die het applaus incasseerde (= impuls voor het open bloeien van de wijde open blik en op je hekje gaan zitten, gevolgd door een inademing als impuls tot buigen en het innerlijk zeggen van je toverspreuk).

Toen omschreef ik incasseren als het in je opnemen van iets dat je merkt. Nu kan ik dat verder uitwerken: incasseren is het toelaten van de impuls, die het begin is van een creatief proces, dat leidt tot je volgende expressie.

In de hoofdstukken 6, 7 en 8 heb ik de *inademing* steeds genoemd als start van een volgende handeling. Bijvoorbeeld buigen, je blik openen of op je hekje gaan zitten. Nu kan ik dat ook zijn volle betekenis geven: eigenlijk is het inademen daar het incasseren en uitvoeren van het idee om je volgende handeling te doen. Je bereidt zowel jezelf als het publiek dan op dat proces voor: gaan we? (=inademing) — ja, we gaan! (=uitademing en actie).

Je lievelingswens 2 Doe de oefening van de ontdekking van je lievelingswens nog een keer.

Hanteer op het moment van de ontdekking bewust
* het stoppen met lopen,
* de inademing en
* het openen van je blik en houding

als middelen om de impuls toe te laten, voor je "Oooh" zegt.

Resultaat Het resultaat is nu bijna altijd beduidend overtuigender.

Een enkele keer lijkt het minder overtuigend, omdat de "Oooh" zachter klinkt. Maar zachter betekent vaak: minder overdreven en meer gemeend!

Variaties Je kunt de oefening nu ook doen met andere gevoelens. Telkens reageer je met een klank, maar nu vind je het voorwerp op het pilaartje bijvoorbeeld:

* ongelooflijk snoezig,
* het allersmerigste wat je je maar kunt voorstellen,
* angstaanjagend,
* je wordt er heel kwaad over (hoe halen ze het in hun hoofd om dat daar neer te leggen!)
* het maakt je verlegen.

Toelichting *Sta je elke keer in dezelfde houding en positie tegenover het voorwerp op het pilaartje?*

Iedereen weet precies in welke houding je moet staan om de gevraagde reactie te laten zien. Wanneer het gaat om je lievelingswens sta je in een andere houding dan wanneer je het snoezig vindt, of wanneer het je kwaad maakt.

Dat is wonderlijk!

Het was niet in de opdracht gegeven, maar toch weet iedereen precies de juiste houding en toon te treffen — *onder voorwaarde dat je het ontdekkingsmoment volledig uitvoert* (stoppen met lopen, je inademing, het openen van je blik en houding).

Sleutel tot dat succes is dus het *in een beweging incasseren van de impuls.*

Kennelijk weet iedereen dan feilloos hoe je deze opdracht uit moet voeren.

Ik doe deze oefening al jaren met groepen. Op een gegeven moment heb ik hem een bijnaam gegeven, misschien een wat rare naam, maar hier is-ie: *"Zie je wel dat iedereen kan acteren!"*

En dat meen ik volledig. Op dit niveau kan iedereen acteren. Er staat geen pilaartje in het midden van de kring, er ligt ook niks bovenop, ik noem een emotie, en *iedereen* kan de ontdekking van een niet aanwezig voorwerp overtuigend spelen. Met al die verschillende volledig kloppende uitdrukkingen.

Zou inhoudsvol zingen (hoofdstuk 10) of het doen van een aankondiging (hoofdstuk 11) net zo simpel realiseerbaar kunnen zijn?

10. Inhoudsvol zingen

Vanuit het vorige hoofdstuk zetten we nu de stap naar zingen.
Je hebt daar kennis gemaakt met het *creatieve proces* (van impuls tot expressie) en *Zien* als uitgangshouding bij voordracht.

In de acteeroefening daarna verbeeldde je je, dat je in de ruimte vóór je een voorwerp zag. Dat *Zien* gebruikte je, met behulp van je adem en een open lichaamshouding, als impuls voor het creatieve proces. Waarna iedereen het talent bleek te delen om die impuls op een kloppende manier te vertalen in expressie.

Het enige wat je dus hoefde te doen was: *je realiseren welke inhoud je zou vertolken* (lievelingswens, snoezig, smerig, enz.) *en dat als impuls toelaten op je inademing.*

En dat was alles!

Verkeerd om?   Bij een koor hoor en zie ik vaak het volgende:

- ze zingen een regel met een grote emotionele betekenis
- terwijl ze de regel zingen groeit het besef van die emotie bij de zangers
- aan het eind van de regel klinkt de emotie ook duidelijk door, en kun je die bij sommige mensen ook echt aan hun gezichten aflezen.

Maar voor mij als regisseur klopt dit niet. Je zingt niet "Ik ben verdrietig" om daarna pas droevig te worden — je zingt het omdat je het al was!

Vanuit de impuls zingen

Wat ik nu aan zangers vraag is andersom:

- niet terwijl je een regel zingt makkelijk vanuit je automatisme van woord naar woord en klank naar klank gaan, en achteraf pas de emotie vorm geven, maar
- vóór je een regel zingt je te realiseren wat je gaat zingen
- zodat de emotie zich dan al kan vormen — en dan pas te zingen.

Want: je zingt omdat je iets te zeggen hebt. En dat "iets" realiseer je je eerst.
Ik opende dit hoofdstuk met: "het enige wat je dus hoefde te doen was: *je realiseren welke inhoud je zou vertolken* en dat als impuls toelaten *op je inademing.*"

Dat valt bij zang vaak zo mooi samen: het begin van een regel en je inademing. Dus: op het moment van je inademing realiseer je je wat je gaat zingen, en op die inademing laat je dat als impuls toe.

En dat is alles.

In de praktijk is $1/32^{ste}$ seconde voldoende om je te realiseren wat je gaat zingen. Dat is de gemiddelde tijd die het mensen kost om zich een beeld voor de geest te halen (de meeste mensen denken in 32 tot 34 beelden per seconde; zeer begaafde beelddenkers kunnen het nog 100 maal sneller!). Dat is dus bijna niks. Die bijna onmeetbare flits is voldoende als impuls!
Tegelijkertijd vraagt het kweken van een nieuwe gewoonte aandacht en inspanning. Dat realiseer ik me ook.

In de oefening uit het vorige hoofdstuk heb je gevoeld, dat je inademing een prachtige manier is om die impuls toe te laten.

Dus mijn uitnodiging is, om onder het inademen die $1/32^{ste}$ seconde te gebruiken om je een beeld te vormen van wat je gaat zingen, en dat beeld te incasseren op die inademing. Zodat je op basis van het creatieve proces dat dan volgt je emoties vorm kunt laten krijgen.

Net als de oefening met het pilaartje in het midden.

Vanuit de juiste houding en beweging de impuls toelaten

Wanneer ik een koor uitdaag om op deze manier te zingen kom ik als regisseur vervolgens nog een aantal details tegen. Het zijn zaken die allemaal tegelijk spelen en om aandacht en coaching vragen.
Je begint dan met je volgende aanwijzing bij het detail dat het meest in het oog springt.

Hieronder moet ik ze in een wat willekeurige volgorde opsommen. En kom ik weer de beperking van schrijven tegen. Want ik zou je alles graag voordoen (je zou het zonodig dan ook onmiddellijk zien), en je als regisseur daadwerkelijk coachen om het ook echt volledig te doen.

Essentieel is, dat je je ook *opent* om die impuls toe te laten en zijn werk te laten doen. Dat is een kwestie van een *open houding*, en het maken van een *toelatende beweging*. Want: het publiek moest innerlijk kunnen meebewegen.
Verderop in dit hoofdstuk kom ik hier op terug, met de oefening *Kom maar eekhoorntje, kom...* Daar spreek ik dan over "eekhoorntjeskwaliteit".

Open houding en blik Ik ga er van uit, dat je die open houding inmiddels volledig onder de knie hebt. Daar waren de drie basisoefeningen voor.
Je voelt misschien ook, hoe de wijde open blik een sleutelrol speelt. Wanneer je telkens opnieuw, op iedere inademing, bewust je blik weer opent kun je ook telkens opnieuw een volgend beeld toelaten als impuls.

Adem als beweging En denk er aan: een inademing *is* een toelatende beweging. Niet alleen een beweging van je buik, je flanken, je borstbeen, enz. Maar ook een beweging waarbij je jezelf een heel klein beetje opricht, achterlangs van onder af aan je wervels opstapelend. Je beweegt daarbij een bijna onmerkbaar beetje achteruit. Die laatste beweging speelt een sleutelrol bij het toelaten van de impuls, tegelijk met het open bloeien van je blik.

Asymmetrisch staan Bij de oefening met het pilaartje merkte je ook al, dat het incasseren van de impuls eigenlijk een soort achterwaartse beweging is: je moest stoppen met lopen, alsof je letterlijk door de impuls getroffen werd. Je kon zelfs een stapje achteruit doen.

Het je oprichten op je inademing is eigenlijk ook een iets achterwaarts gerichte beweging. Alsof je jezelf met je adem achterlangs je wervelkolom vult.

Veel koorzangers zijn gewend om precies symmetrisch met hun voeten op de grond te staan. Dat maakt een beweging van links naar rechts makkelijk. Maar bij een beweging van voren naar achteren heb je snel het gevoel dat je je evenwicht verliest.

Ik adviseer zangers dus altijd met hun rechtervoet een miniem klein stapje naar achteren te staan ten opzichte van de linkervoet, met soepele knieën. Je wint er heel veel bewegingsmogelijkheden mee, en die heb je nu nodig voor je impuls incasserende inademing.

Blik en ademhaling, open houding en toelatende beweging — het zijn allemaal middelen om vanuit een *totale lichamelijke betrokkenheid* inhoudsvol te zingen.

Blikrichting

Waar zie je dan die impuls, het beeld dat je incasseert ergens in de ruimte voor je?

Acteurs leren hier op veel verschillende manieren mee spelen. Iets waar je op hoopt projecteer je misschien iets hoger in de lucht. Iets waar je bang voor bent kun je daar ook projecteren, maar dan kijk je misschien juist iets naar beneden, expres er langs.

In de praktijk krijgt alles wat je recht aanziet een soort reële waarde: je realiseert je iets echt wanneer je het rechtstreeks aanziet.

Kijk, en dat is dan weer makkelijk.

Wanneer je toch in de richting van de dirigent kijkt kun je in diezelfde richting ook je beelden projecteren. En van daaruit dus de impulsen toelaten.

Vernieuwen

In het begin lukken de eerste paar regels nog wel, maar daarna wordt het minder, lijkt het wel vast te lopen.

Dat klopt, je lijkt dan wel een beetje te bevriezen in dezelfde houding. Van open naar open naar open is ook tig keer hetzelfde?

Wanneer de eerste regels lukken is de volgende opgave dus: steeds te vernieuwen in houding en beeld.

En het is ook wat: twintig keer "I love you" zingen en dan twintig keer op je inademing je een geliefde voor de geest te roepen…

Iets asymmetrisch staan is ook hier een hulp. Door telkens een fractie van houding te veranderen, en wanneer je het volgend beeld oproept dat beeld ook iets van plek te laten verspringen, vernieuw je telkens.

En denk erom: je zingt nooit twintig keer hetzelfde!
De kracht van de herhaling in muziek is juist, dat je het de volgende keer doet vanuit de eerder al opgebouwde emotie. Dus per keer stapelt de emotie zich op die van de vorige. En ontwikkelen zowel het beeld als het stuk zich emotioneel.

Ik zie niks… En wat als je (zoals ikzelf) op visueel gebied juist het zwakst ontwikkeld bent? Want dan zie je niks!

O nee?

Mag ik je een onverwachte vraag stellen?
Maak je even los van het boek, om over het antwoord na te denken:
Wat heb je gisteravond gegeten?

Deze simpele vraag roept altijd veel reacties op.
Maar klopt het in elk geval dat je, ook al ben je een intens luisterende muzikant, al was het maar in een heel vaag flitsje toch het antwoord voor je hebt *gezien?*

Dat was dan dus die $1/32^{ste}$ seconde. En dat is genoeg.
Zolang jij je eerst realiseert wat je gaat zingen, en op de inademing dat als impuls in een beweging incasseert, werkt het.

Het is overigens prachtig om te horen wat mensen allemaal op deze vraag ervaren. Sommigen zien volledig gedekte tafels in een volledige ruimte voor zich. Anderen proeven de smaak weer, of herinneren zich het tafelgesprek. Weer anderen voelen hoe ze in de ruimte zaten, ten opzichte van het eten en de rest van de omgeving. Een staalkaart van zintuiglijke ervaringen!

Wanneer ik spreek over *Zien* bedoel ik eigenlijk ook die staalkaart — en daar zitten meer zintuigen in dan alleen zien.
Ik gebruik *Zien* als invalshoek in mijn lessen, omdat het een
aantal voordelen heeft boven andere zintuiglijke indrukken:

- Zien is voor het merendeel van het publiek èn zangers
  het belangrijkste zintuig.
- Door iets te zien heb je de kans om je impuls groot in de
  ruimte te projecteren, dus theatraal sterker te presenteren.
- Daardoor is het proces voor veel mensen innerlijk meebewegend makkelijker te volgen.

Maar als impuls kun je natuurlijk ook iets horen, voelen, enzovoorts.

Vreemde talen   Voorwaarde voor dit alles is natuurlijk wel, dat je
weet waar je over zingt.
Wanneer je één keer van de dirigent te horen hebt
gekregen waar een lied over ging, ben je de details
misschien ondertussen al lang vergeten.
Maar ook vanuit een globaal weten kun je een beeld
oproepen en dit als impuls hanteren. Net zoals die
twintig keer "I love you".
En wanneer je weet dat je drie coupletten over na-
righeid zingt, die in het vierde couplet eindelijk op-
lost, heb je al een behoorlijke houvast om je houding
te bepalen.

In voordrachtstermen: misschien zing je dan minder
vanuit het in detail *Zien*, als wel vanuit een soort
globale houding, dus vanuit het *Zijn*.

Bijvoorbeeld: Afrikaanse liederen kun je heerlijk zingen met hun aanstekelijke kracht en ritme. Terwijl
niemand van het koor weet waar het over gaat. En
misschien zijn het soms ook wel meer ritmische
klanken dan betekenisvolle woorden.
In zo'n geval doe ik met een koor een aanvullende oefening om extra super te aarden, op een manier die
past bij het bewegingspatroon van Afrikaanse dansen. Vanuit die nieuw verworven basishouding klinkt
zo'n lied opeens vele malen krachtiger!

Bij Balkanrepertoire geldt iets dergelijks. Daar is de
trots vaak een sleutelbegrip om je basishouding te
bepalen. Extra stevig aarden, je van daaruit kaars-
recht oprichten (niet je knieën!) en vervolgens je expressie — als een vuurtoren — breed naar voren uit-
stralen is dan een mooie invalshoek.

Kom maar eekhoorntje, kom...

Met koren en zangers doe ik vaak de oefening met het eekhoorntje:

- Stel je voor, dat je op een paar meter afstand een eekhoorntje ziet. Je ziet dat eekhoorntje op een comfortabele kijkhoogte, dus niet te hoog of laag, maar min of meer recht voor je.
- Nodig met een armgebaar het eekhoorntje uit om bij jou te komen. Doe dat met tekst, hardop: "Kom maar eekhoorntje, kom..."

Resultaat De eerste keer dat mensen dit doen merken ze het zelf eigenlijk direct: je hebt de neiging om het zo stèllend te doen, dat je het eekhoorntje eerder wegjaagt dan naar je toe lokt.

Werkelijk open uitnodigen doe je door ruimte te maken in je houding. Dat doe je op het moment van je inademing, wanneer je als het ware het beeld van het eekhoorntje incasseert:

- de voorkant van je borst wordt zacht,
- je romp beweegt zich eerder achteruit dan vooruit,
- je zet misschien zelfs een stapje naar achteren
- en de kwaliteit van je armgebaar is ook zacht en rond, openend, niet aanwijzend.

Eigenlijk is dit een versterking van de oefening met het pilaartje uit *Hoofdstuk 9. Even een uitstapje: acteren?*
Bij die oefening werd je als het ware getroffen door het beeld van je lievelingswens, waarbij je je opende op je inademing.
Dat is bij de oefening met het eekhoorntje ook zo, alleen voel je nu nog sterker *de noodzaak om je met een toelatende (achterwaartse) beweging te openen*. En vooral: om niet in de eerste plaats kracht uit te oefenen, maar je zacht te maken.
Daarmee realiseer je als vanzelf een aantal van de aanwijzingen, die ik eerder in dit hoofdstuk gaf.

Wanneer zangers dit begrijpen, kunnen ze veel liederen ook gevoelvoller zingen. Vooral wanneer ik zie dat ze, onder de druk om helder en krachtig te zingen, het moment van zich inleven eigenlijk overslaan. Terwijl een fractie zachter zingen wellicht veel intenser klinkt.

Liefdesliederen en beschrijvingen van mooie beelden (landschappen, luchten, hemels, rozen, geliefden, zonsondergangen, jeugdherinneringen) zijn daar voorbeelden van. Vaak moeten mensen er eerst om lachen — maar ik nodig ze dan uit om het lied te zingen alsof ze zeggen "Kom maar eekhoorntje, kom ..."
Veel, heel veel liederen vragen eigenlijk om, hoe zal dat zeggen?
Eekhoorntjeskwaliteit!

Religieuze inhoud

Bij liederen met een religieuze inhoud, zeker in Latijn, merk ik dat mensen soms wat kopschuw worden als het over inhoud gaat. Want vertel dan maar even wat je op dat moment aan het vertolken bent. En wat is de inhoud van vijf minuten onafgebroken Halleluja?

"Misschien moet je dit ook meer als louter muziek beschouwen, niet zozeer als een tekst met allerlei inhouden," oppert iemand dan bemiddelend.
Ja, daar is zeker iets voor te zeggen.

Toch ben ik zo eigenwijs om te geloven, dat juist religieuze muziek misschien wel het meest inhoudsvol is! Wat voor inhoud is anders meer waard om te vertolken, om daar het doorgeefluik voor te zijn?

Daar ligt voor mij dan ook de oplossing: het idee dat je een alles vervullende boodschap doorgeeft.

Juist deze muziek is ongelooflijk de moeite waard om vanuit de drie basisoefeningen volledig te zingen. *Geaard, ruim en volledig beschikbaar, met een wijde open blik.* Dat waren de kernbegrippen uit de drie basisoefeningen. Die realiseren, en ook blijven realiseren, telkens opnieuw vernieuwend in je houding, geeft dan een schitterende weg voor een inhoud, die die moeite meer dan waard is.

Lezend vanuit bladmuziek of tekstboek

Bij alles wat ik tot nu toe schreef ging ik er eigenlijk van uit dat een koor uit het hoofd zingt. En daardoor volledig vrij is in het volledig laten ontstaan van de expressie.

Zingen van blad is hier enorm remmend op. Wanneer ik met een koor werk dat nauwelijks uit het hoofd zingt is het heel snel duidelijk, dat wanneer ze echt resultaten willen op het gebied van podiumpresentatie, ze meer uit het hoofd zouden moeten gaan zingen. Dirigenten zijn in dat opzicht vaak blij met mijn lessen, want de winst van uit het hoofd gaan zingen is direct glashelder duidelijk — en was vaak al lang een wens van de dirigent.
Toch is dat niet altijd mogelijk.
Gelukkig is, ook van blad zingend, veel van wat ik hiervoor beschreef wel degelijk realiseerbaar.
Het is in elk geval belangrijk, dat je je door lezen niet laat verleiden tot focussen, het vernauwen van je blik, fronsen of voorovergebogen staan.

Beschouw het blad als je impuls-beeld. Sta rechtop met een wijde open blik, en "pak" de informatie niet met je nauwe blik, maar laat de informatie als het ware naar je toe komen, vanaf het blad je open blik in.
Realiseer je, dat dit de omkering van je innerlijke beweging is, waar ik het bij *Zeggen* en *Zien* ook over had.

Dus open je, net als bij de oefening met het pilaartje, voor datgene wat van het blad af naar je toe komt aan informatie. En gebruik dat als de impuls voor het creatieve proces, die je op een inademing toelaat.
Ik kom hier in *hoofdstuk 13. Losse eindjes* op terug.

In het kort

- *De wijde open blik is ook de sleutel tot het communiceren van de inhoud van zang en aankondigingen, net als de oefeningen met het pilaartje en de eekhoorn. Met name je inademing schept daar de gelegenheid voor.*

11. Korte aankondigingen

Veel musici voelen zich hier heel onhandig in.
"Moet dat nou? Kunnen mensen het programmaboekje niet lezen?"

Nou moet ik zeggen, dat ik het zelf erg vervelend
vind wanneer mensen onder mijn optreden zitten te
lezen en te bladeren.

In dit hoofdstuk stel ik de vraag waarom *je iets aan-
kondigt en* wat, *behandel ik vanuit de vorige twee
hoofdstukken* hoe *je dat kan doen, en zoek ik het midden tussen een aankondiging oplezen of uit je hoofd
doen.*

Wat kondig je aan?

Ik vind het zelf prettig om, naast mijn muziek, ook
op een andere manier even contact met het publiek
te hebben.

Een aankondiging is ook een manier om mensen te
laten omschakelen naar het volgende nummer.

Een goede opbouw van je programma, van nummer naar
nummer, doet dat overigens ook.
Tot mijn verbazing merkte ik, dat hun presentatie voorbereiden
voor sommige popmusici uitsluitend bestaat uit het maken van
hun setlist! Natuurlijk is die belangrijk, maar dan had ik dit
boek niet hoeven schrijven.

Open?

De kernvraag die ik altijd stel is: *is het publiek op de
juiste wijze geopend om het volgende nummer in te
gaan?*

Dat is een andere vraag dan: begrijpen ze muzikaal-
technische aspecten van de muziek, hebben ze begrepen hoe de instrumenten heten, of kennen ze het leven en het belang van de componist?
Informatie geven is maar één manier om mensen te
openen. Speciaal klassieke muziek lijdt onder de gedachte, dat je die moet *begrijpen* vanuit de muziek-

theorie. En hoezeer musici daar ook vanuit opgeleid zijn, en ook daar vanuit ongekend diepte kunnen geven aan hun muziek, er zijn vaak veel meer boeiende (dus openende) aspecten.

Een zangeres oefende in mijn les de aankondiging van een aria. Ze noemde keurig ("Dames en heren, het volgende lied dat ik nu voor u gaat zingen heet...") de onverstaanbare Italiaanse titel, de opera, de componist (die leefde van ... tot ... en compositie had gestudeerd bij ...), vatte ernstig in één zin de inhoud samen ("een meisje probeert haar oudere baas van zich af te houden") en deelde tenslotte tot mijn verrassing mee dat het dus *eigenlijk* een komische aria was.

Mijn regisseursreactie was: "Ah, dat wordt dus leuk! OK. Heb je mij als publiek nu in de goede stemming gebracht om daar van te gaan genieten?"
Dat was een volkomen nieuw gezichtspunt!
In haar volgende poging besteedde ze meer aandacht aan de inhoud van het lied en straalde het plezier, dat ze er van te voren al in had, van haar af.

Mijn vriend Henk deed natuurrondleidingen. Hij kon best met namen en bloeiwijzen rondstrooien — sommige bezoekers met de flora in de hand wilden die ook weten — maar zijn Amsterdamse devies was: "Je moet de mensen er een *luizig verhaaltje* bij vertellen. Dan gaat zo'n bloemetje echt voor ze leven."

"Ja maar ik ben geen entertainer!" roept de echte musicus nu.
Voor sommigen is dat inderdaad waar, aan hen wil ik ook geen onrealistische eisen stellen. Misschien moet je binnen (of buiten!) je ensemble goed kijken wie je die taak geeft.

Wanneer je wèl een aankondiging doet, is het prettig als je wat *middelen* in handen hebt om dat niet alleen maar droge, platte informatie te laten zijn.
Aan "Nocturne nummer zoveel in toon grote terts opus zoveel van die en die" beleef ik in het algemeen niets meer, dan dat ik hopelijk het woord Nocturne begrijp. Dat soort aankondigingen maakt me eerder wat opstandig lacherig dan dat het mij helpt om me verwachtingsvol te openen voor wat er komen gaat: ik heb alle respect voor de echte kenners, maar zou ie denken dat ik alle Nocturnes ken en aan het

nummer nu meteen weet welke er komt, ik hoop niet
dat ze straks die nummers gaan overhoren...
Die *middelen* heb je in de voorgaande hoofdstukken
eigenlijk allemaal al gekregen.

Aankondigingen tot leven wekken

Voor musici die het vorige hoofdstuk hebben overgeslagen
moet ik hier wat zaken herhalen, die ik daar ook geschreven
heb.

In *hoofdstuk 9. Een uitstapje: acteren?* deed je de oefening
met het pilaartje. Het enige wat je daar hoefde te doen was: *je
realiseren welke inhoud je zou vertolken* (lievelingswens,
snoezig, smerig, enz.) en dat *als impuls toelaten op je inademing.* Waarna iedereen het talent bleek te delen om die impuls
op een kloppende manier te vertalen in expressie.

Daar zit dus het onderscheid tussen een serie woorden uit je hoofd opzeggen of voorlezen, en levend vertellen. Dat je je tijdens je inademing eerst realiseert
wat je zeggen wil, en welke betekenis dat heeft.

Vanuit een beeld
Het is een beetje alsof je op een diascherm in de
ruimte je boodschap voor je ziet. Dat beeld laat je op
die inademing als het ware toe, op dezelfde manier
waarop je dat in de oefening met het pilaartje deed.
Versterk dat zo nodig met de Oefening met het eekhoorntje uit het vorige hoofdstuk.

Vanuit de muziek
Je kunt ook van andere zintuiglijke indrukken ge-
bruik maken.
Bijvoorbeeld:

- je zegt "We gaan nu voor u spelen: ... " — adem
  op dat moment even wat nieuwe lucht in — en
  dan, tijdens je inademing,
- *hoor* je van binnen als het ware even een moment uit dat nummer in jezelf — of je *voelt* hoe
  je het zou beginnen te spelen,
- laat dit tijdens die inademing even tot je door
  dringen,
- en vanuit die ervaring noem je de titel.

Wanneer je de impuls zijn werk laat doen, levert het
heel veel op aan emotionele kleuring van je aankondiging. En daar gaat het om.
En graag verwijs ik nog eens naar de oefening met de
eekhoorn uit het vorige hoofdstuk!

Acteurs hebben als ongeschreven wet dat, wanneer een toneeltekst informatief is en in het spel louter informatief dreigt te blijven, zij onmiddellijk hun voordracht voorzien van een emotionele betekenis. Toneeltekst mag nooit zonder emotionele noodzaak zijn!

Beantwoord in elk geval voor jezelf de vraag, waarom jij een bepaald nummer de moeite waard vindt om te spelen. Wat er zo bijzonder aan is, of wat maakte dat het voor jou ging leven.

Toen ik met studenten van het conservatorium schoolconcerten regisseerde viel mij op, dat *alle muziek* waarvan zij dachten dat die interessant voor kinderen zou zijn dat inderdaad was! Hoe je die vervolgens aan kinderen presenteert was een andere zaak, daar kon ik als regisseur een bijdrage aan leveren — maar hun repertoirekeuze was altijd feilloos goed! Dat levert dus een ijzersterk uitgangspunt op voor je presentatie.

In feite hoop ik, dat de inhoud van een aankondiging ook een emotie vertegenwoordigt, zodat ik niet alleen intellectueel wordt aangesproken, maar me, innerlijk meebewegend met degene die de aankondiging doet, ook emotioneel betrokken weet bij wat er komen gaat.

In het vorige hoofdstuk heb ik verteld, dat dit soort processen bliksemsnel gaat. Voor een beeld is 1/32ste seconde genoeg. De opgave is meer, dat je de extra handeling van *je eerst iets realiseren* toevoegt vóór je iets zegt, dan dat het zoveel extra inspanning oplevert.

Ook hiervoor geldt, dat ik weer de beperking van schrijven tegenkom. Want ik zou je dit graag voordoen (je zou het zonodig dan ook onmiddellijk zien), en je als regisseur daadwerkelijk coachen om het ook echt volledig te doen.
Onder de kop *Vanuit de juiste houding en beweging de impuls toelaten* heb ik in het vorige hoofdstuk daarom nog een aantal voorwaarden en aanwijzingen opgeschreven, die voor het grootste deel ook op aankondigingen van toepassing zijn.

Tussen oplezen en improviseren

Hoe bereid je je aankondigingen voor?

Sommige mensen lezen het programmaboekje voor, anderen leren een tekst woordelijk uit hun hoofd, weer anderen improviseren. De keuze tussen die uitersten heeft veel te maken met waar je je zelf het zekerst in voelt.

Het programmaboekje voorlezen is wat mij betreft een zwaktebod.

Wanneer je zekerheid zoekt over details (bijvoorbeeld een opusnummer) is het programmaboekje een mooi spiekbriefje. Maar voor meer dan spieken zou ik het liever niet gebruiken. Je publiek kan meestal heel goed zelf lezen!

Voorlezen

Voorlezen van een andere voorbereide tekst voelt heel veilig:

- je kunt niet per ongeluk iets vergeten
- en je zult het hopelijk foutloos doen.

Nadelen kunnen zijn:

- je tekst komt niet tot leven, omdat de leestoon te vlak of *onnatuurlijk* is,
- sommige mensen hebben de neiging veel *te snel* voor te lezen.
- geschreven tekst is niet automatisch ook *begrijpelijke* spreektekst, met name wanneer je in lange samengestelde zinnen schrijft.

Improviseren

Aankondigingen, verhaaltjes, achtergrondinformatie: het klinkt en voelt heerlijk spontaan als je improviserend praat. Het kan ook een lekker sfeertje geven, een beetje jongens onder mekaar, de image van een bepaald soort muzikant, de informele sfeer van de kroeg, enz.

Afwijken van je voorgenomen kernachtige tekst betekent echter meestal, dat improvisatie je boodschap verzwakt, slapper en langdradiger maakt zonder wezenlijke toevoeging.

Maar het voordragen van een krampachtig uit het hoofd geleerde tekst kan je presentatie houterig ma-

ken. In feite gaat het dan om dezelfde mogelijke nadelen, die ik hierboven al bij voorlezen noemde: *onnatuurlijk, te snel* en *onbegrijpelijk*.

Vanuit een spiekbriefje met kernwoorden werken is
dan een mogelijke tussenoplossing.

Ergens moet je een goed midden vinden. En een
krachtige persoonlijke stijl ontwikkelen. Zelfvertrouwen is de helft van het werk (dus gevestigd in jezelf vanuit de drie basisoefeningen staan). Weten
wat je te bieden hebt en wat de muziek voor jou betekent de volgende helft. En van jezelf, je werk en je
publiek houden de laatste helft. En het echt waarde-
vol vinden om met jouw eigen muziek iets te zeggen...

Waarmee ik maar wil zeggen dat het geheel meer is
dan de optelsom van de delen.

12. Theaterlicht bij concerten

Tot nu toe ging dit boek over jouw persoonlijke optreden op het podium, en hoe jij met die situatie om
kunt gaan.
Theaterlicht is een technisch aspect van geheel andere orde. Als onderdeel van je *werkomstandigheden* èn
als middel om *zichtbaar* te zijn speelt het een crucia-
le rol in jouw presentatie.

*Zonder in te gaan op de vele vaktermen, lampen, len-
zen en andere techniek beschrijf ik eerst wat basis-
principes. Daarna kijk ik hoe we vanuit die basis-
principes een werkbaar compromis kunnen vinden
tussen theatergewoontes en muzikale wensen.*

Een theatervoorstelling is niet hetzelfde als een concert. Hoe mooi theaterlicht ook is, het is vaak onhandig en zelfs schadelijk wanneer het niet aangepast
wordt aan de eisen die musici stellen.

Bijvoorbeeld: theaterlicht is altijd enigszins verblin-
dend. Dat is niet te voorkomen: wanneer je geen last
hebt van het licht sta je in het donker, en ben je dus
onzichtbaar. Veel musici hebben de neiging om een
stapje achteruit te doen, en onthoofden dus zichzelf
in de ogen van het publiek.
Ik zal nooit die accordeonist vergeten, die met een
zwart pak en een zwarte accordeon zichzelf redu-
ceerde tot een geheimzinnig in het duister zwevend
enigszins wit reflecterend toetsenbord met een
spookachtig zwevende hand erboven...

Er zijn dus verschillende, soms tegengestelde belan-
gen: zichtbaarheid en een artistiek mooi beeld voor
het publiek naast comfortabele werkomstandigheden
voor de musici.

Een speciale situatie ontstaat wanneer musici bladmuziek moeten lezen of er een dirigent is. Het meeste theaterlicht komt vanuit de zaal: dan moet je dus
tegen dat licht inkijken naar je lessenaar, en de diri-

gent is een silhouet zonder gezichtsuitdrukking. Nog afgezien van de verblinding waar je last van hebt.

Eén lamp is nooit genoeg

Stel je voor: je staat op het toneel. Je richt één lamp recht van voren op je. Is dat genoeg?

Nee. Je bent nu weliswaar *ver*-licht, maar niet *be*-licht.
Omdat het licht recht van voren komt verdwijnen de schaduwen uit je gezicht. Daarmee verdwijnt ook je expressie: je vervlakt.

Bovendien ontstaan er donkere onbelichte vlakken aan de zijkant van je hoofd. Het publiek dat niet recht voor je zit, kijkt tegen die schaduwen aan en ziet maar een klein stukje van je hoofd.
Tenslotte ontstaat er een enorme slagschaduw op het achterdoek.

Frontlicht

Frontlicht komt ideaal gezien schuin van boven, net als de zon. En van minstens twee kanten, zodat je meer rondom verlicht bent. Je gezicht krijgt vorm en uitdrukking door de schaduwen, bijvoorbeeld onder je neus, kin, wangen en ogen. De schaduw op het achterdoek verdwijnt of wordt kleiner. Dat klaart al heel wat op.

Tegenlicht

Wanneer je op deze manier uitsluitend frontlicht gebruikt zie je, dat het voor het publiek nog steeds een wat plat plaatje oplevert. Het publiek ziet weinig diepte in het toneel. Daar heb je een derde spot van achteren voor nodig: *tegenlicht*.

Tegenlicht, in een afwijkende kleur (blauw, groen en oranje worden nogal eens gebruikt), geeft een stralenkrans in je haar en vlekken op je schouders. Daardoor onderscheid je je van de achtergrond, en komt er diepte in het beeld.
Je moet wel uitkijken: je mag het publiek niet verblinden! En met zo'n vreemde kleur licht op de bladmuziek zijn musici niet blij.

Horizonlicht

Een andere manier om diepte te creëren is een aparte belichting van het achterdoek in een eigen kleur. Dat geeft aan die achterkant een eigen waarde (en

compenseert ook schaduwen!). Wat er vóór staat onderscheidt zich nu van de achterkant.

Dus: elke paar vierkante meter toneel heeft minimaal twee lampen voor frontlicht, naast tegenlicht
en/of een horizonlicht op het achterdoek.

Verschillende functies van licht

We hebben nu gehad:

- *Frontlicht* (licht van voren).
- *Tegenlicht* (gekleurd licht van achteren).
- *Horizonlicht* (op het achterdoek).

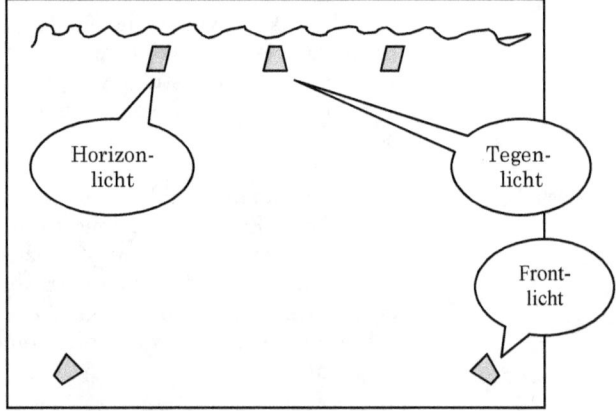

Speciale effecten krijg je met:

- *Toplicht* (recht van boven).
- *Zijlicht* (van opzij).

Frontlicht ervaren we t.o.v. zijlicht als *reëler*; zijlicht
wordt veel gebruikt in sprookjes, dromen, etc.
Zijlicht op heuphoogte, dat a.h.w. net boven de vloer
strijkt, geeft een zwevend effect, dat veel in ballet
wordt gebruikt.

Voetlicht (van onderaf) was vóór de uitvinding van
elektrisch licht het normale theaterlicht. Omdat het
door de onnatuurlijke schaduwwerking je gezicht
vervormt, wordt het nu alleen nog maar gebruikt om
spookachtige engerds te belichten.

Dan weet je ook waarom vroeger ogen zo onwaarschijnlijk dik omrand werden op bijvoorbeeld de oude stomme film: dan compenseerde je de schaduwen van het voetlicht een beetje en zagen je ogen er in elk geval weer rond uit...

Je had misschien het beeld, dat ze in die tijd niet op een realistische manier konden schminken — maar het was juist de enige manier om nog iets realistisch terug te krijgen!

Nog twee termen die je vaak hoort zijn:

- *Totaaltje*. Dit is de combinatie van spots, die samen het hele toneel belichten. Dus tegelijk alle combinaties van 2 lampen frontlicht per plek, eventueel gecombineerd met het tegenlicht.
- *Speciaaltje*. Dit is één spot, die iets speciaals doet op één plek. Bijvoorbeeld een speciale spot op de dirigent, zodat die uit het beeld springt. Want de regel is: alles wat het lichtst is trekt de meeste aandacht.

Daarom zijn muziekstandaards het liefst ondoorzichtig zwart: die witte vellen papier zijn aandachttrekkers van formaat! Houd je hier ook rekening mee met je kleding, ook t.o.v. de kleur en grootte van je instrument?

En nog iets: 1000 of zelfs 2000 Watt per lamp is tegenwoordig niet uitzonderlijk voor frontlicht. Wat gebeurt er wanneer die hoeveelheid licht door je muziekpapier heen schijnt? Dan kun je niets meer lezen!

Dat is ook de reden waarom je onder theaterlicht moet schminken: zo'n hoeveelheid licht schijnt dwars door je huid heen, en maakt bijvoorbeeld de bloedvaten in je wangen zichtbaar. Je krijgt er rare wangetjes van, om maar te zwijgen van je neus...

Een manier om schminken niet nodig te maken is dat frontlicht niet te hard aan te zetten, en er gold-filters in te doen. Dat kleurt je gezicht weer een beetje gezonder.

Het is ook warm. Meer dan 90% van die 1000 Watt elektriciteit wordt omgezet in warmte — pas die laatste paar procent maakt de hitte zo groot, dat het draadje gaat gloeien en licht geeft!

Kleine podia

Op kleine podia, waar musici veel spelen, kan de basisbelichting anders ingericht zijn.

Het podium is daar vaak te smal om van twee kanten frontlicht te laten kruisen.

De belichting bestaat daarom standaard uit front- en zijlicht. Het frontlicht komt dan recht van voren (dus niet 2 spots per plek van verschillende kanten), terwijl veel zijlicht de schaduwen aan weerszijden van je hoofd compenseert.

In feite is dit voor musici een mooie basis!

En dan nu voor musici

Het zo door musici gehate frontlicht kun je meestal goed vervangen door *toplicht en/of zijlicht*, met *tegenlicht* in een (bijna) witte kleur op de bladmuziek.

Het *frontlicht* kan dan op een lage stand: net voldoende voor de zichtbaarheid, niet meer.

Toplicht kan prettig zijn om schaduwen op bladmuziek weg te werken.

Zijlicht kan bijdragen aan een niet-reële dromerige of vervreemdende sfeer.

Het lichtplan van kleine podia sluit hier dus naadloos op aan!

Voor een enkel instrument kun je een *speciaaltje* vragen, dat bijvoorbeeld de schaduw van een toetsenbord afhaalt. En de dirigent kun je ook in een eigen licht zetten: *frontlicht* om hem voor het publiek goed zichtbaar te maken, en *tegenlicht* zodat de musici hem goed kunnen zien. Beiden laat je dan bijna recht van boven komen, zodat dirigent en musici minimaal verblind worden.

Werken met kleuren

Als je meerdere spots per plek nodig hebt zijn dat er dus altijd veel. De reserve om met verschillende kleuren te werken is daardoor vaak klein, zeker in een kleine zaal.

In grotere zalen kun je vaak kiezen tussen een wit *horizondoek* of een zwart (donkerblauw) *fond* als achterdoek. Op een wit horizondoek staat vaak een aparte serie lampen in de vier basiskleuren (wit – rood – cyaan - blauw) waar je allerlei kleuren mee kunt mengen.

Wanneer je een heel *totaaltje* van kleur wil laten veranderen moet je hier goed over overleggen.

Als je niet al te extreme tegenstellingen wilt zijn de mogelijkheden groter. Bijvoorbeeld: je geeft alle lampen van linksvoor een bijna witte variatie van blauw, en alle lampen van rechtsvoor een bijna witte variatie van gold. Je kunt dan de ene kleur laten overheersen door de andere kleur, door die ene sterker aan te zetten en de andere alleen te gebruiken als aanvulling — niet sterker dan nodig voor de zichtbaarheid. Op die manier verlicht je het hele toneel nog steeds voldoende, terwijl je wel twee verschillende sferen kan creëren.

Voor de omslag van dit boek heb ik gezocht naar een foto, die ook iets vertelt over licht. De soliste staat in iets blauw frontlicht, terwijl het golden tegenlicht ook een deel van het koor meeneemt. Bij de koorleden kan je het effect daarvan dus zien — meestal wordt dat minder zichtbaar door het sterkere frontlicht.

Zaallicht

Wanneer je vanaf het podium zelf je publiek wil kunnen zien, kun je vragen het zaallicht te laten branden, of op een lage intieme stand aan te houden. Met name wanneer je (bijvoorbeeld bij publiek dat jouw soort optreden niet gewend is) bang bent voor mogelijke verstoringen en verlies van concentratie, is het aanlaten van het zaallicht ook een manier om mensen uit de anonimiteit van het donker te halen.

Bij kinderconcerten is het belangrijk om niet eerst de zaal helemaal donker te maken en dan pas het podium aan te lichten. Dat donkere moment is de allerzekerste manier om ze allemaal tegelijk aan het schreeuwen te krijgen. Neem eerst rustig de tijd om samen met de kinderen jouw concentratie op te bouwen. En hou het zaallicht minstens op een lage stand aan.

Stel je vragen!

Uitlichten en licht stellen kost erg veel tijd.
Wanneer je optreedt in een theater moet je heel ruim van te voren je vragen aan de lichttechnicus stellen, zodat de tijd die jouw vraag kost in de planning kan worden opgenomen.

Stel duidelijke vragen:

- zij-, top- en/of tegenlicht als hoofdlicht om verblinding te voorkomen,
- tegenlicht mag niet met een te sterk uitgesproken kleur op bladmuziek schijnen,
- minder frontlicht dan bij theatervoorstellingen,
- kleuren/sferen (eventueel gold-filters in het frontlicht).

Stel je vragen open: een lichttechnicus kent het eigen theater het beste, en ook de mogelijkheden. En is vaak erg blij met wat technische en artistieke vrijheid binnen een duidelijke vraag.

En zorg er voor dat je heel ruim op tijd in het theater aanwezig bent — soms meerdere uren van te voren! Overleg met de technicus wat in dit opzicht nodig en verstandig is. Zo draag je zelf de verantwoordelijkheid voor een zorgvuldig toneelbeeld en comfortabele werkomstandigheden.

13. Losse eindjes

Toen ik klaar was met dit boek hield ik nog wat losse eindjes over. Vragen die mensen vaak stellen, die ik nog niet behandeld had. Of een paar aanvullende oefeningen. Hier zijn ze!

Wat doe ik met mijn handen?

Mag ik je gelijk met mijn kort-door-de-bocht antwoord ontgoochelen?

Eigenlijk niks!

Die handen zijn een merkwaardig probleem, bijvoorbeeld bij het buigen. Maar ook bij het doen van korte aankondigingen of zingen.

Laat ik wel eerst even zeggen, dat ik het probleem meevoel. Het is misschien wel de meest gestelde vraag die ik in mijn lessen tegenkom.

Maar realiseer je, dat het probleem pas ontstaat:

- op het moment dat je je spanning er vorm mee geeft — je zoekt je veiligheid in een houding of beweging, of
- wanneer je telkens dezelfde clichébeweging herhaalt, of
- wanneer je aandacht aan die handen schenkt, en daarom een gespannen gevoel oproept in je handen.

Musici omzeilen het probleem soms, door hun instrument vast te houden. Dan hebben hun handen in elk geval iets zinnigs te doen. En ze *moeten* hun instrument natuurlijk ook vasthouden.

Het gaat globaal om twee zaken: te veel *spanning*, of *overbewustzijn* van wat je met je handen doet.

Aan het eind van dit boek kun je mijn antwoord op die spanning vast raden: doe de drie basisoefeningen, eventueel tijdens je optreden langs de korte weg (zie *hoofdstuk 3. De drie basisoefeningen*). Onmiddellijk verdwijnt al veel spanning. En geef je handen op een natuurlijke ontspannen manier de kans om mee te doen met alles wat je doet, zonder dat jij je daar mee hoeft te bemoeien. Dan lost het probleem vanzelf op: richt je aandacht op de muziek die je maakt, niet op je handen.

Dat laatste is een rare opdracht: *denk niet meer aan je handen.*

Het is vergelijkbaar met de oefening van het roze olifantje. Ken je die?
Het gaat om de opdracht: denk NIET aan een roze olifantje, denk vooral NIET aan een roze olifantje, denk nog steeds NIET aan een roze olifantje.
Met als gevolg dat je alsmaar aan een roze olifantje denkt.

Met je handen is het net zo.
Het zou zo makkelijk zijn wanneer je niet aan je handen zou denken. Dan kon je er op vertrouwen, dat je handen op een natuurlijke ontspannen manier meedoen met alles wat je doet. En dus geen probleem meer zijn.
Maar niet denken aan je handen creëert juist dat vervelende overbewustzijn, waardoor je alleen maar krampachtiger wordt over je handen.

Vandaar het volgende stukje van mijn oplossing naast de drie basisoefeningen: richt je aandacht op de muziek die je maakt. Of bij een buiging: op de toverspreuk en je wijde open blik. Of bij een aankondiging: op het beeld waarover je vertelt en je hekje. Dan kun je de over-concentratie op je handen als vanzelf loslaten.

Dus: doe met die handen eigenlijk niks, je aandacht richt je ergens anders.

Handen regisseren

Wanneer je toch weloverwogen iets met je handen wil doen is de hulp van een regisseur noodzakelijk.

Met handbewegingen heb je vaak de neiging om iets denkbeeldig in de lucht aan te wijzen. Met als gevolg dat je het beeld waar het over gaat beperkt tot een *klein* aangewezen plekje.

Meestal doe je daar dat beeld onrecht mee aan, omdat wat je aanwijst een veel grotere betekenis heeft. Zo werken je goede bedoelingen tegen je.

In *Hoofdstuk 7. De echte luisteraar* beschreef ik een oefening, waarbij studenten elkaar aankondigen. Automatisch wijzen ze de volgende student aan. Dat aanwijzende gebaar is bijna nooit verwelkomend, maar eerder zelfs gebiedend, soms zelfs alsof ze die persoon zouden willen wegsturen!

Je gebaar wordt pas verwelkomend wanneer je een stapje achteruit of opzij doet, en zo als het ware ruimte geeft aan degene die je welkom heet.

En een uitnodigend armgebaar ontstaat pas, wanneer je je arm niet strekt, maar juist ronder — openend en toelatend — ontspant.

Dus: wijs niet aan, maar geef ruimte aan het beeld/de gebeurtenis/de persoon die je oproept.

De oefening met het eekhoorntje uit *Hoofdstuk10. Inhoudsvol zingen* kan hier goed bij helpen!

Moet ik het publiek nou echt aankijken?

Ook dit is een veel gestelde vraag: hoe kijk je naar het publiek wanneer je optreedt?

Het is een eis in onze cultuur: wanneer je je tot iemand richt kijk je die persoon aan. Dat geldt ook op het podium. En het tegenovergestelde geldt in elk geval ook: het is heel gek wanneer iemand op het toneel het publiek opzettelijk negeert, alsmaar de andere kant uit kijkt. Dat laatste kan in geen geval. Het publiek wil nu eenmaal graag je ogen zien, dat is in communicatie een elementaire behoefte.

Het hoeft niet altijd! Het hoeft natuurlijk niet wanneer het publiek overtuigd is van het belang van wat je doet, en de noodzaak om naar iets anders te kijken (bijvoorbeeld wanneer je intens luisterend muziek maakt, communiceert met je medemuzikanten of de dirigent volgt, als zanger een beeld creëert en dat als impuls voor je expressie gebruikt, enz.).

Maar wanneer je bijvoorbeeld een aankondiging doet of applaus ontvangt kom je er niet onderuit.

Het voelt ook wel eng: kijken naar al die mensen die terugkijken. Veel musici zijn blij met het excuus dat ze hun bladmuziek moeten lezen!

Zangers en musici die uit hun hoofd spelen of zingen moeten het probleem oplossen.

Een oplossing die je veel hoort is: *net iets over het publiek heen kijken*. Zodat het net lijkt alsof je ze toch een beetje aankijkt, maar ondertussen geen last van ze hebt.

En een andere oplossing, die sommige podiumkunstenaars gebruiken: *één persoon uit het publiek uitkiezen* en je optreden als het ware voor die persoon alleen uitvoeren. Je intiem tot één persoon richten kleurt dan je expressie.

Ik voeg daar graag aan toe: *de wijde open blik*.

Net eroverheen kijken Ik vind dat een slechte oplossing. Als je niks beters hebt — ja, dan heb je misschien niet zoveel keus. Maar in feite is dit een subtiele manier van negeren. Daar ben ik in elk geval niet vóór.

Eén persoon uitkiezen Ook dat vind ik geen prettige oplossing. Wanneer ik in de schoenen van de verkozene stond zou ik me misschien wel erg opgelaten voelen. En hoe ervaart de rest van het publiek dat?

Wanneer je voor een grote zaal staat kan ik me de behoefte aan intiem muziek maken wel voorstellen. En bijvoorbeeld je optreden vanuit die intimiteit *beginnen* is zeker mogelijk.

Wat misschien wel helpt is: wanneer je je steeds tot iemand anders in de zaal richt. Op die manier roep je bij jezelf in elk geval een houding van open communicatie op, waarmee je vervolgens zo veel mogelijk mensen in de hele ruimte aanspreekt. Maar ook deze oplossing is niet echt de mijne.

Wijde open blik Mijn oplossing zit in de wijde open blik. Met die blik kun je grote delen van je publiek in één blik omvatten. Zonder dat je in detail mensen persoonlijk gaat aankijken. Dat voelt voor het publiek als een natuurlijke verwelkomende en toegankelijke manier van contact maken. Je hoeft niemand te negeren, je hoeft niemand persoonlijk aan te kijken, maar je deelt je expressie wel met iedereen.

Kijken en de vierde wand

Bij de hoofdstukken over acteren, inhoudsvol zingen en aankondigingen doen heb ik het steeds gehad over de invalshoek *Zien*: je laat niet-bestaande beelden uit je verbeeldingswereld toe als impuls voor het creatieve proces.

En wanneer je dat in de richting van de dirigent projecteert maak je dat proces naar voren, dus open voor het publiek, helder meeleefbaar.

Dat betekent, dat je op dat moment het publiek *niet* ziet.

Eigenlijk heb je je in je verbeeldingswereld teruggetrokken. In toneeltermen: achter de "vierde wand" van het toneel. Waar het publiek door naar binnen kijkt, als het ware in een soort aquarium waar jij je kunstje staat te vertonen.

Over de vierde wand worden eindeloos discussies gevoerd. Want hoe maak je zo contact met het publiek? Mag je dat eigenlijk wel zo doen?

Mijn antwoord hierop is vrij simpel.

Wanneer je vanuit de drie basisoefeningen en *Zien* zingt of aankondigingen doet *nodig je het publiek uitdrukkelijk uit om innerlijk met jou mee te bewegen*. Dat is dus wel degelijk ook een manier van contact maken. Een manier die maximaal open is, en misschien ook wel heel kwetsbaar. Mensen zo toelaten in jouw belevingswereld doe je in het dagelijkse leven niet gauw — terwijl het op het podium volgens mij *moet*.

Met je wijde open blik het publiek "zien" is dan een mooie afwisseling — naast die uitnodiging om jou innerlijk meebewegend te volgen.

Misschien heb ik hiermee ook gelijk een antwoord gegeven op de vraag, waarom ik voor het onderwerp podiumpresentatie een heel boek nodig heb. Het is allerminst vanzelfsprekend, dat mensen daar in alle openheid gaan staan! Terwijl die open communicatie voor een goede wisselwerking met je publiek absoluut een voorwaarde is.

Een ruggesteuntje

Om die openheid te bevorderen gaf ik je de drie basisoefeningen. Daarbij creëren *aarden* en *ruim en beschikbaar aanwezig zijn* de voorwaarden waarop je je krachtig mag manifesteren in de openheid van de *wijde open blik*.

Het wonderlijke is, dat je je in die kwetsbare openheid enorm krachtig kan voelen. Op het podium voelen sommige mensen zich in volledige openheid en overgave juist onkwetsbaar — heerlijk!

Maar soms hebben mensen toch meer steun nodig, om de kwetsbaarheid waar ik naar vraag te kunnen dragen. Met name wanneer ze gevoeliger repertoire spelen of zingen.

Ik suggereer mensen dan zich een vorm van rugdekking voor te stellen. Bijvoorbeeld alsof je comfortabel achterover leunt tegen een heerlijk zachte warme teddyberenvacht. En vanuit die ruggesteun je expressie volledig aan je publiek mag tonen.

Daar moeten mensen zich een eigen beeld of gevoel bij vormen. Die teddyberenvacht is maar één suggestie, er zijn veel andere mogelijkheden. Zoals het gevoel alsof je voor een muur of zware rotswand staat, met je voeten stevig op de rotsbodem. Of dat je als een heiligenbeeld in een comfortabele nis staat. Of als een Egyptische farao op een rechthoekige sokkel voor je tempel zit.

Studenten verrasten mij met de verdere ontwikkeling van zo'n beeld. Ik had ze een teddyberenvacht gesuggereerd. Toen ik daar maanden later op terugkwam reageerden ze verontwaardigd. Een teddyberenvacht? Volgens hen was het de ruige krachtige vacht van een grote wilde beer! Of een wolf!

Help: wat moet ik als ik moet huilen?

Maar ja, wat gebeurt er als je in die kwetsbaarheid zelf opeens diep geraakt wordt?
Dan sta je op het podium en opeens — daar komen de tranen.
Dat heb je er van: een wijde open blik, ruim en open beschikbaar zijn, je eerst realiseren wat je gaat zingen, dan krijg je dat!

Wanneer mensen zich werkelijk openen voor hun muziek gaan ook de emoties opener stromen.

Laten we om te beginnen vaststellen dat het er bij hoort.
Als kunst ons niet zou mogen raken of ontroeren, waar doen we het dan voor!

Vaak schrik je van zo'n moment, wanneer je plotseling overvallen wordt door een onverwacht hevige emotie. Je hebt jezelf kennelijk niet meer in de hand, en er zijn duizend redenen waarom je die emotie zou willen verbergen of tegenhouden. Je schaamt je er voor, je wilt het niet aan het publiek laten zien, je stem dreigt het te begeven of je handen gaan trillen, je vindt dat privé-emoties niet voor het publiek bestemd zijn, enzovoorts.

Veel mensen proberen de opgekomen emoties heftig te onderdrukken. Niets laten zien en gewoon doorgaan is hun devies.
Met als gevolg dat de opgebouwde spanning zich niet kan ontladen, zich alleen maar ophoopt en steeds sterker wordt. Tot ze het niet meer aankunnen en het helemáál losbarst — en dan is het zo veel geworden dat het niet meer hanteerbaar is.
De enige oplossing om het hanteerbaar te houden is daarom: het gewoon laten gebeuren, en *ondertussen* of *vervolgens* de draad weer zien op te pakken. En je er vooral niet voor schamen. Dat jij zelf ook geraakt kunt worden door jouw kunst is een eerlijke zaak.

Er is wel een soort grens.

Aan de ene kant horen emoties er bij. Maar wanneer ze onhanteerbaar groot worden ga je een grens over. Het is dan niet langer een natuurlijk onderdeel van je optreden dat mag — en misschien zelfs erg door je publiek gewaardeerd wordt. Het wordt dan een soort persoonlijk proces, dat eigenlijk je vertolking in de weg zit. Onder podiumkunstenaars doet het verhaal de ronde, dat het op die manier etaleren van je persoonlijke emoties zowat het ergste is wat je kunt doen. Alsof dat ook een beetje smerig is.

Voor de duidelijkheid: dat laatste zal je mij nooit horen zeggen.

Wanneer ik op het podium een waarachtige en eerlijke vertolking wil kàn dat alleen maar met inzet van je volledige wezen, met gebruik van àl jouw emotionele vermogens. En is het tegenkomen van de grens tussen wat kloppend is en mag, en wat te veel is, een risico dat de moeite van het nemen waard is.

Wanneer je die grens nooit tegenkomt ben je benauwder met je emotionele betrokkenheid dan misschien nodig is.
En alleen door er een paar keer over heen te gaan leer je hem kennen.
Wie vanuit professionele bevlogenheid tot die grens wil kunnen gaan — er het maximale uit wil halen — wie gaat voor volledigheid en geen grammetje minder — die *moet* die grens dus die paar keer overschrijden!
Wanneer emoties plotseling opkomen is het soms moeilijk in te schatten aan welke kant van die grens je zal uitkomen.
Maar wanneer je aan de verkeerde kant uit komt, wat gebeurt er dan echt?

Het publiek ziet jouw emotionele betrokkenheid.
En jij hebt het even heel moeilijk.
Vervolgens kom je er over heen en ga je weer verder met de rest van je optreden. Richt je aandacht op de muziek die je vervolgens maakt en laat eventuele schrik of schaamte los — het is voorbij en je hebt al je energie weer nodig voor wat je nu aan het doen bent.

Ik bedoel maar: meestal overleef je het wel.
En ontleen je er hoop ik meer zelfvertrouwen aan dan angst dat het je nog eens zal overkomen. Want dat is zeker: wanneer je de volgende keer hetzelfde stuk speelt of zingt kun je dat verwachten! En wanneer je het verwacht zal je het waarschijnlijk een beetje beter aankunnen.
Tenzij je er zo bang voor bent, dat je het uit alle macht probeert tegen te houden, daardoor de spanning juist verhoogt — en afstevent op een nog onhanteerbaardere situatie. Doe dat liever niet!

In een voordrachtsles behandelde Arend Hauer het gedicht "Drank, de onberekenbare" van Vasalis. De ik-persoon uit het gedicht heeft iets te veel gedronken, en voelt het enorme verlangen in zich opwellen om, ongekooid door fatsoensnormen, ruim, vrij en ongeremd te mogen leven. Plotseling wordt ze door een herinnering overvallen die haar zomaar opeens doet huilen.

Aan het eind van de les droeg Arend het gedicht zelf ook voor. En stond zichzelf toe om werkelijk tranen in zijn ogen en een brok in zijn keel te krijgen.
Ik voelde op dat moment hoe hij mij door dat voorbeeld eigenlijk toestemming gaf om als regisseur en acteur net zo ver te gaan. Voor mij een belangrijk moment.

En de slappe lach dan?

De slappe lach is vaak een ontlading van spanning die je opgebouwd had. Spanning waar je je optreden eigenlijk op baseerde.
Plotseling gebeurt er iets onverwachts, en die spanning breekt: de slappe lach. En dáár verspeel je opeens al je energie!
Dat is dus heel vervelend.

Maar er geldt hetzelfde voor als wat ik bij de tranen zei: er tegen vechten en het wanhopig proberen te onderdrukken verhoogt ook hier alleen maar de spanning — tot ook die spanning losbarst en dan alleen maar moeilijker hanteerbaar is geworden.

Dus ook hier: accepteer het wanneer het gebeurt, láát het ook even gebeuren, en pak ondertussen of zo snel mogelijk daarna de draad weer op.

Koormappen vasthouden

Hoe moeten we onze koormappen vasthouden wanneer we opkomen, zingen, buigen en afgaan? En hoe spreken we dat af, zodat iedereen dat precies hetzelfde doet?

Wat dat vasthouden bij opkomen, buigen en afgaan betreft: spreek iets af wat ontspannen voelt. Zodat het geen extra spanning veroorzaakt.
Realiseer je daarbij, dat het vaak een groot zwart vlak ergens in het beeld van het publiek is. Dus wanneer je opkomt, met je zijkant naar het publiek gericht: houd je een koormap dan aan de publiekskant of juist niet?
Daar moet iemand een beslissing over nemen.

Onder het zingen Eigenlijk ben ik hier niet voor.

Als je koormappen nodig hebt zou ik ze liever op standaards zetten, zodat je zo min mogelijk in je bewegingsmogelijkheden beperkt bent. Het geeft wel een schijnbare houvast wanneer je ze moet vasthouden, maar waarom heb je die nog nodig wanneer je de drie basisoefeningen kent?

Vanuit de drie basisoefeningen begrijp je ook, dat vooral je wijde open blik enorm belemmerd wordt door een map die je vasthoudt. Maar ook je ruime houding loopt gevaar.

In *hoofdstuk 10. Inhoudsvol zingen* noemde ik die belemmeringen al, omdat je je makkelijk laat verleiden tot focussen, het vernauwen van je blik, fronsen of voorovergebogen staan.

Wanneer je met standaards wat meer afstand creëert tussen jou en de bladmuziek, ontstaat er ook de ruimte die helpt om de informatie met een open houding en blik te kunnen incasseren. Dat komt je expressie en uitstraling alleen maar ten goede.

En wil je ze toch vasthouden: houd ze dan om dezelfde reden luchtig en ruim van je af vast. Houd bijvoorbeeld ook ruimte onder je oksels.

Kooropstellingen oefenen

Opkomen met een koor, zeker wanneer je het zingend doet, geeft altijd het risico dat het koor uiteindelijk niet goed verdeeld over het hele speelvlak staat.

Het is handig om daar in te oefenen, en een paar afspraken te maken.

In de praktijk zie je vaak, dat wanneer mensen eenmaal ergens staan, ze niet meer van die plek af durven komen. En dus stokstijf op die plek blijven staan. Ook wanneer het koor scheef over het speelvlak uitkomt, of niet symmetrisch.

Daarom is de belangrijkste afspraak: *iedereen is medeverantwoordelijk voor een goede opstelling, en we blijven aan die opstelling doorwerken totdat iedereen er tevreden over is.*

Hier zijn een paar suggesties voor stappen, die je als koor samen kan ondernemen om de opstelling goed te krijgen:

Vanuit het midden De plaats van de dirigent is meestal precies het midden. En op veel podia is het midden aangegeven met een zwart stukje tape aan de voorkant.
Dat midden kan iedereen dus altijd zien.

Je weet ook wie er aan weerszijden van het midden staan in een rij. En wie degene is die precies in het midden staat. Wanneer die daar bij het opkomen stopt, weten de twee helften van de rij aan weerszijden dus dat ze zich van daaruit moeten opstellen. Dat stukje van de opstelling kan om te beginnen dus altijd goed op zijn plaats komen.

Vervolgens kunnen de mensen aan de uiterste zijkanten van een rij zien of ze even ver naar voren staan. Soms krult de ene helft van een rij anders dan de andere helft. Dat kunnen die twee mensen samen corrigeren.

Wanneer je in een flauwe halve cirkel staat kan iedereen elkaar zien. En ook, of de onderlinge afstanden ongeveer gelijk zijn. Met een klein stapje opzij kunnen vervolgens alle mensen in een rij de afstanden corrigeren.

Op deze manier kun je, vanuit de gezamenlijke verantwoordelijkheid, stap voor stap elke opstelling opbouwen. Dus:

- midden bepalen,
- uiteinden van de rijen bepalen,
- de onderlinge afstanden verdelen.

Daar komt nog een tweede belangrijke afspraak uit voort. Wanneer iedereen medeverantwoordelijk is, draagt iedereen ook zelf de verantwoording voor zijn of haar eigen plaats. En dat vertrouw je elkaar dus toe.
Het is dus absoluut overbodig (en verboden!) om aan elkaar te trekken of te duwen. Of elkaar aan te stoten, te sissen of met je vingers naar een ander te knippen. Alleen de dirigent, die als enige echt het totaaloverzicht heeft, geeft zonodig nog een aanwijzing wanneer de opstelling gecorrigeerd moet worden.

Wanneer je op deze manier altijd je opstelling for-
meert, is klaar gaan staan aan het begin van een repetitie al een groepsactiviteit, die een positieve bijdrage aan het groepsklimaat kan leveren. Iedereen
kan helder een plek in het geheel innemen, en samen
maak je ook die ruimte voor elkaar.

Ervaren koorleden hun koor ook als een éénheid?

Aan die eenheid kun je met heel eenvoudige choreo-
grafie-elementen werken. Bijvoorbeeld: op een heel
belangrijk moment allemaal een miniem stapje naar
voren doen. Of naar achteren. Of allemaal plotseling
in één richting kijken. Dat kan een behoorlijke dra-
matische impact hebben.

Het allemaal tegelijk doen kan wel problemen geven.
Een klassiek probleem is, dat op de tel van een maat
dat je de stap zet sommige mensen inderdaad de stap
zetten, maar anderen hun voet optillen om die stap
te gáán zetten. En dan te laat zijn, terwijl ze zelf zeker weten dat ze de muziek volgen.
Een algemene spelregel daarvoor is: je zet de stap op
een maataccent (meestal de eerste tel) en tilt je voet
dus op in de opmaat — zodat je op die eerste tel je
voet neerzet.

Dergelijke kleine bewegingen kunnen, wanneer ze
ook echt lukken, het gevoel van eenheid van een koor
enorm versterken.

Ruimte vullen
Kleine koren staan vaak met één of twee rijen achter
elkaar, in flauwe halve cirkels.
Daarmee is het podium in de breedte mooi gevuld.

Vaak zie je echter, dat de rij zelf eigenlijk maar een
dun lijntje over het podium is. In de diepte is het podium totaal niet gevuld. Zeker wanneer publiek iets
van bovenaf op het speelvlak kijkt is de leegte opval-
lend.

Je kunt zo'n rij een meer ruimtevullend volume geven, door de zangers om-en-om een stapje naar voren
en naar achteren te laten doen. Het is de moeite
waard om dat eens te proberen. En te kijken of je
niet liever deze opstelling wilt, in plaats van zo'n
dunne rij.

Een choreograaf zal nog veel meer ideeën kunnen aandragen — bijvoorbeeld om met afwisselende opstellingen te werken, of met hoogteverschillen — maar dat valt buiten het bestek van dit boek.

De rol van de dirigent

Een dirigent is in de eerste plaats *inspirator* voor de musici. Daarnaast is er een tweede taak mogelijk: *intermediair* te zijn tussen het publiek en de muziek.

Inspirator

In *hoofdstuk 7. De echte luisteraar* heb ik het even gehad over de dirigent. Bijna terloops schreef ik daar over een uitnodigend en openend directiegebaar.

Zoals het publiek innerlijk meebewegend een concert of voorstelling volgt, zo volgen musici en koorleden innerlijk meebewegend hun dirigent. Dat betekent bijvoorbeeld, dat lichaamshouding, bewegingspatroon en gezichtsuitdrukking van de dirigent sterk mee bepalen, of musici met een open, ontspannen en in zichzelf gevestigde houding op het podium staan!

Hoe opener en fysiek volledig betrokken een dirigent dirigeert, hoe meer inspiratie daar van uitgaat, en hoe meer dat (zeker bij koren) ook effect zal hebben op de beleving van koor èn publiek.

Intermediair

Een dirigent is allereerst gericht op de musici.
Maar de dirigent is voor het publiek vaak ook het centrale visuele punt. En dat schept een prachtige gelegenheid voor nog een rol: in beweging kan een dirigent ook gestalte geven aan allerlei muzikale verschijnselen, die voor een ongeoefende luisteraar anders minder bewust zouden zijn. *Als dirigent kun je het hoorbare zichtbaar maken!* Ook wanneer de musici bepaalde aanwijzingen niet echt nodig hebben kan het goed zijn ze toch te geven, omdat je daarmee de aandacht van het publiek richt. En daarmee de beleving van een concert ongekend verdiept.

Ook hier geldt, dat hoe opener en fysiek volledig betrokken een dirigent dirigeert, hoe rijker de beleving van het publiek kan worden.

De aandacht doorgeven

Met name in pop- en jazzconcerten gebeurt het nogal eens, dat iemand na het beëindigen van een solo er even zijn of haar gemak van neemt. Dat mag, maar niet zómaar!

Realiseer je, dat je publiek innerlijk met je meebewoog. Wanneer jij na je solo "op *af* gaat", gaat het publiek met jou mee op *af*.
Maar het stuk gaat door...

Dat levert een raar effect op. Terwijl het publiek met jou mee stopte, eigenlijk óók klaar was, ging er iets anders door. Daar moet je als publiek dan behoorlijk voor omschakelen — eigenlijk moet je weer opnieuw beginnen met kijken en luisteren.

Het is eleganter wanneer je na het einde van je solo, kijkend naar je medemuzikanten, je beurt als het ware duidelijk in het ensemble doorgeeft, of terug-geeft. Het innerlijk meebewegende publiek gaat dan op de goede manier mee, en laat hun aandacht van jou los. En daarná mag je er je gemak van nemen.
Dat geldt ook, wanneer je voor je solo eerst nog ap-plaus ontvangt. Ook dan kun je daarna de aandacht van het publiek verleggen vóór jij even je pauze neemt.

De echte kijker

Ik heb een heel hoofdstuk gewijd aan de problemen van "de echte luisteraar."
In de hoofdstukken daarna bleek, dat het oproepen van beelden in je verbeelding een fantastische sleutel is tot inhoudsvol zingen en levende aankondigingen doen. Wie als voorkeurszintuig het zien heeft, heeft het dan veel gemakkelijker dan een echte luisteraar.

Helaas betekent dat niet, dat een "echte kijker" geen problemen meer heeft, wanneer het gaat om iemand die *bijzonder begaafd* is op het gebied van beelddenken — en dan bedoel ik beduidend meer begaafd dan de gemiddelde "echte kijker."

Die problemen vallen eigenlijk buiten het onderwerp van dit boek. Toch besteed ik er hier graag aandacht aan. Ik kom ze in de praktijk regelmatig tegen onder zangers, acteurs en regisseurs.

Waar anderen in maximaal zo'n 36 woorden of begrippen per seconde kunnen denken, kunnen bijzonder begaafde beelddenkers in dezelfde tijd vele zeer complete beelden voor zich zien, tot het honderdvoudige aantal beelden aan toe! En is elk beeld prachtig en volledig. Van die beelden wordt overigens slechts een beperkt aantal echt bewust beleefd.
Maar zie alleen al het verschil voor je tussen één van die 36 begrippen (of vage beelden) en één van die vele fantastisch volledige beelden! Wie zelf geen bijzonder begaafde beelddenker is kan zich dat nauwelijks voorstellen.

Het betekent ook, dat bij ieder volledig beeld van een situatie zich onmiddellijk vele andere even volledige variaties op dat beeld kunnen aandienen. Daarmee is deze sterke vorm van beelddenken een fantastische bron van creativiteit. En voelen meer dan gemiddeld veel begaafde beelddenkers zich tot alle kunsten aangetrokken.

Tot nu toe lijkt dat alleen maar winst.

Maar wat gebeurt er wanneer je een keuze maakt? Zoals de keuze voor een kunstvakopleiding. Of de keuze voor één interpretatie van een lied.
Wanneer je de volgende dag al weer vele andere mogelijkheden als volledige beelden voorbij hebt zien trekken heb je misschien al weer spijt van je keus. En maak je je opleiding niet af. Of verras je je medemusici met een volledig andere niet afgesproken interpretatie en komt een repetitieproces nooit op een uitvoeringsklaar punt.
De enorme creativiteit van de bijzonder begaafde beelddenker krijgt dan een moeizame keerzijde, die door veel mensen uit de omgeving (en soms de kunstenaar zelf ook) niet wordt begrepen.

In de presentatie van zang, met name voor solisten, worden dan nog twee verschijnselen zichtbaar, die ik voor het gemak even *chaos* en *snelheid* noem.

Chaos

Wanneer je geest zo creatief is en jou zoveel verschillende schitterende beelden voor kan schotelen, kun je makkelijk de weg kwijtraken. Bijzonder begaafde beelddenkers kunnen zonder enige moeite met hun aandacht ver buiten zichzelf reiken, naar al die beelden en standpunten om zich heen.

In een creatief werkproces kan dat heel aangenaam zijn. En voor medespelers enorm stimulerend en verfrissend.
Maar wanneer het je op een auditie overkomt, dat je in een chaos van beelden terechtkomt en alle greep op jezelf kwijtraakt, is het een ramp!

Daar is maar één remedie tegen: *aarden, aarden en nog eens aarden*. Jezelf in jezelf vestigen dus. En vanuit dat *éne* standpunt de wereld (inclusief je verbeeldingswereld) om je heen aanzien en je expressie richten.
De drie basisoefeningen zijn dan een goede hulp. Eventueel samen met de suggestie voor een ruggesteuntje eerder in dit hoofdstuk.
Maar waarschijnlijk zijn er nog meer oefeningen nodig om je volledig in jezelf te kunnen vestigen.

Snelheid

Bijzonder begaafde beelddenkers kunnen enorm snel van beeld wisselen, of een beeld ondergaan.

De sleutel voor inhoudsvol zingen en aankondigingen doen beschreef ik eerder als het *in beweging gestalte geven aan het incasseren van een beeld*.
Voor een bijzonder begaafde beelddenker gaat dat veel te langzaam. Die heeft dat beeld allang geïncasseerd, voordat anderen dat proces zelfs maar hebben kunnen waarnemen. Die heeft daar zo'n inademing plus een totale lichaamsbeweging helemaal niet voor nodig!

Maar het publiek heeft dat wel nodig.

Terwijl de beelddenker voelt dat-ie ingeleefd zingt, was dat voor het publiek niet als proces meebeleefbaar. Het publiek wordt alleen maar overrompeld door een onverwachte emotionele wending. Die dan soms ook nog vele malen groter is dan nodig, want het beeld was voor de beelddenker zo fantastisch inspirerend.

Een regisseur die dit niet begrijpt, kan een bijzonder begaafde beelddenker dan makkelijk als hysterisch karakteriseren. Ten onrechte.

Een snelle beelddenker moet dan leren het proces ook fysiek er bij te spelen, en de grootte van de opgeroepen emoties te doseren. En daar in zijn of haar gevoel onaanvaardbaar veel tijd voor nemen, in een extreem laag tempo.

Tenslotte

In de gang van het conservatorium schiet een student me aan. "Het is gelukt hoor!" roept ze me glimmend toe. "Ik had daarnet een koffieconcert, en ik had een wijde open blik en het hekje en het werkte als een trein!"
Ja, daar doe je het dus voor!

Ruim honderd pagina's heb ik nu gevuld. Meer dan ik verwachtte, toen ik aan dit boek begon.

In het kort

Daarbij ging het steeds over deze uitgangspunten:

- Het is de moeite waard om je bewust te zijn van jouw voortdurende communicatie met het publiek, met name wanneer je even geen muziek maakt.
- Want het publiek beweegt innerlijk met jou mee en neemt alles waar.
- Een zo open mogelijke communicatie met het publiek is daar het beste antwoord op. Je hoeft eigenlijk niets te verbergen — alles wat er is, is er!
- Fysiek en mentaal volkomen beschikbaar zijn voor jouw optreden veronderstelt een open, ontspannen en in jezelf gevestigde houding.
- De drie basisoefeningen (aarden, ruim en beschikbaar aanwezig zijn, de wijde open blik) zijn een helder antwoord op die uitdaging.
- Waarbij de korte weg via de wijde open blik en het hekje je tussendoor-redding is.
- En die wijde open blik ook de sleutel is tot het communiceren van de inhoud van zang en aankondigingen, net als de oefeningen met het pilaartje en de eekhoorn. Met name je inademing schept daar de gelegenheid voor.

Ik wens je veel succes!

Walter Roozendaal.

Literatuur

Graag noem ik enkele boeken met aanvullende informatie:

Pim Wippoo, Liesbeth Citroen
ALLE OGEN GERICHT OP...
Omgaan met plankenkoorts
Uitgeverij Boom, Amsterdam 2002

Een handleiding over allerlei aspecten van podiumangst en manieren om daar mee om te gaan

Ronald D. Davis
DE GAVE VAN DYSLEXIE
Waarom zelfs heel slimme mensen niet kunnen lezen en hoe ze het kunnen leren
Uitgeverij Elmar
ISBN 9789038907451

In het eerste deel van dit boek wordt zeer uitgebreid ingegaan op *beelddenken* en voordelen en problemen van deze fantastische gave. Een eye-opener voor wie er mee te maken heeft — als mens of als begeleider van kunstenaars!

Margriet Sitskoorn
HET MAAKBARE BREIN
Gebruik je hersens en word wie je wilt zijn
Uitgeverij Bert Bakker, Amsterdam 2006
ISBN 9789035130364

Liesbeth Wildschut
BEWOGEN DOOR DANS
De beleving van theaterdansvoorstellingen door kinderen
Proefschrift, © 2003 Liesbeth Wildschut, Utrecht
ISBN 907691236X

Deze laatste twee titels geven achtergronden bij mijn belangrijkste uitgangspunt, dat publiek meeleeft door innerlijk mee te bewegen met jouw optreden.

Over de schrijver

Vanaf 1983 geeft Walter Roozendaal les en regisseert hij aan het Hilversums Conservatorium, respectievelijk het Conservatorium van Amsterdam.
Daarnaast werkte hij veel met theatergroepen en koren, regisseerde hij muziektheater, schoolvoorstellingen, schoolconcerten en vertellers, en begeleidde hij regisseurs van jeugdmuziektheater.

Sinds 1998 treedt hij onder de naam Muze Muzette op als verteller van volksverhalen, samen met zijn accordeon en honderden volksmelodieën. En speelt hij in Klezmertrio Di Grine Medine.

In Midden-Kennemerland begeleidde hij als theaterconsulent het cultuureducatiebeleid van scholen, en programmeerde hij jeugdtheater, schoolconcerten en kunstenaars in de klas, na jarenlang zelf ook als projectdocent en onderwijsbegeleider in allerlei vormen van onderwijs gewerkt te hebben. Op de Noord-Hollandse Pabo's van Inholland is hij dramadocent.

Walter Roozendaal begon zijn loopbaan als volksdansende en volksmuziek spelende onderwijzer. Hij was een aantal jaren hoofddocent aan de kaderopleiding voor docenten werelddans.
Ondertussen volgde hij de dagopleiding aan de Akademie voor Expressie door Woord en Gebaar, en

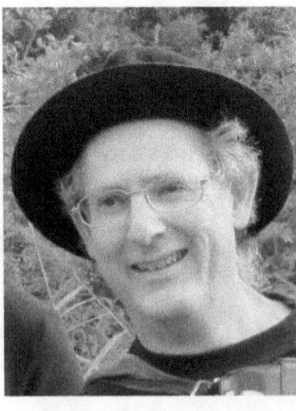

werd theaterdocent en regisseur.
Hierna volgde Walter Roozendaal o.a. twee jaar de applicatiecursus van het Nederlands Mime Centrum, en vier jaar een voortgezette opleiding bij regisseur Arend Hauer.

U kunt hem bereiken via zijn website
www.muzemuzette.com

www.ingramcontent.com/pod-product-compliance
Lightning Source LLC
Chambersburg PA
CBHW051320170526
45166CB00002B/623